5만 번 응답받은
조지 뮬러의 기도

# 5만 번 응답받은 조지 뮬러의 기도

**저자** 조지 뮬러
**역자** 유재덕

**초판 1쇄 발행** 2008. 1. 15.
**개정증보1판 1쇄 발행** 2018. 3. 20.
**개정증보2판 1쇄 발행** 2023. 4. 24.
**개정증보2판 7쇄 발행** 2025. 1. 15.

**발행처** 도서출판 브니엘
**발행인** 권혁선

**책임교정** 조은경
**책임영업** 기태훈
**책임편집** 브니엘 디자인실

**등록번호** 서울 제2006-50호
**등록일자** 2006. 9. 11.

서울특별시 송파구 백제고분로28길 25 B101호 (05590)
**마케팅부** 02)421-3436
**편 집 부** 02)421-3487
**팩시밀리** 02)421-3438

**ISBN** 979-11-90308-98-4 03230

**독자의견** 02)421-3487
**이메일** editorkhs@empal.com

**북카페 주소** cafe.naver.com/penielpub.cafe
**인스타그램** @peniel_books

도서출판 브니엘은 독자들의 원고를 설레는 마음으로 기다리고 있습니다.
위의 이메일로 간단한 기획 내용 및 원고, 연락처 등을 보내주십시오.

도서출판 브니엘은 갓구운 빵처럼 항상 신선한 책만을 고집합니다.

# 5만 번 응답받은
# 조지 뮬러의 기도

:

[ 기도와 기적의 사람 뮬러가 직접 쓴 기도 응답의 비밀 ]

조지 뮬러 지음 | 유재덕 옮김

브니엘

세월의 먼지가 아무리 두텁게 내려앉더라도 그 빛이 전혀 바래지 않는 믿음의 사람이 적지 않다. 그 가운데서도 두드러지게 빛을 발하고 있는 사람을 꼽는다면 단연 조지 뮬러일 것이다. 기도와 믿음을 의지하는 그리스도인이 어떤 삶을 살아야 하는지 직접 몸으로 보여준 뮬러는 세상을 떠난 지 이미 1세기가 넘었지만 여전히 전 세계의 수많은 그리스도인에게 도전과 영감을 제공하는 영적 멘토가 되고 있다. 5만 번 이상 기도 응답을 받았다거나 1만 명 이상 고아를 양육했다는 식의 단순한 산술적 계산으로 그의 삶을 설명하는 게 정당하지 않은 것도 바로 이 때문이라고 할 수 있다.

조지 뮬러는 말 그대로 기도의 사람이었다. 뮬러는 하나님이 우리 손에 직접 쥐어주신 기도라는 이름의 도구가 삶 속에서 얼마나 강력한 능력을 발휘할 수 있는지 극한까지 확인하고 보여준 기도의 표준이었다. 아침식사를 걸러야 하는 30명의 고아들을 돌보는 일에서부터 시작된 작은 모임이 이후 63년간 끊임없이 성장을 거듭할 수 있었던 비결은 이처럼 기도의 능력에 의지해서 하나님의 공급을 직접 확인하고 싶어 하던 뮬러의 믿음에 있었다.

조지 뮬러는 하나님만 철저히 의지한 사람이었다. 고아원을 설립하고, 학교와 선교 단체를 후원하고, 전도책자와 성경을 배포하는 사역을 계획할 때도 오직 하나님만 계속해서 바라보며 하나님의 뜻이 어디에 있는지 확인하고 싶어 했다. 어느 때는 즉각적인 응답을 받기도 했지만 경우에 따라서는 몇 달 동안 기도하면서 끈질기게 하나님의 인도하심을 기다려야 할 때도 있었다. 그런데도 뮬러는 하나님에 대한 기대를 접은 적이 없었다.

그리고 조지 뮬러는 하나님 앞에서 늘 투명한 삶을 살았다. 평생 150만 파운드라는 엄청난 금액을 관리하면서 고아원 운영과 교육 및 성경 배부사업, 그리고 허드슨 테일러를 비롯한 해외선교사들의 후원비로 그 금액을 사용했지만 뮬러가 사후에 남긴 재산은 160파운드가 전부였다. 그가 어마어마한 금액의 기부금을 관리하면서도 어린 시절의 잘못을 두 번 다시 반복하지 않은 것은 자신의 사역이 인간적인 노력이 아니라 하나님이 직접 관리하시는 거룩한 일이라고 확신했기 때문이었다.

이처럼 하나님의 거룩한 목적을 위해서 자신의 삶을 철저히 헌신한 조지 뮬러의 아름답고 가슴 뭉클한 일화와 간증, 그리고 친절한 조언을 담고 있는 이 책을 번역하는 일은 즐거움이면서 동시에 상당한 도전이 되었다. 어느 때보다 하나님에 대한 원색적인 믿음과 기도에 대한 열정이 아쉬운 오늘의 현실을 감안한다면 이 책을 접하는 이들 역시 동일한 느낌을 지울 수 없을 것이다. 진정한 기도가 무엇인지, 일상에서 하나님이 직접 어떻게 도움의 손길을 베풀어주시는지, 하나님의 뜻과 일치하는 기도를 하기 위해서는 어떻게 해야 하는지, 그리고 어떤 경우에도 포기를 모르는 확신에 찬 그리스도인의 삶의 자세가 어떤 것인지 궁금하다면 이 책이 무엇보다 좋은 해답이 될 수 있다.

옮긴이 유재덕

조지 뮬러는 하나님이 만드신 사람이었다. 그는 갑작스러운 회심을 통해 하나님을 만나고 새 사람이 되기 전까지 신앙이나 도덕에는 전혀 무관심했다. 남의 돈을 훔치고 거짓말을 예사롭게 하는 통제할 수 없는 삶을 살았다. 뮬러가 기도하는 그리스도인으로 거듭나게 된 것은 부모의 신앙 때문이 아니었다. 20대 초반 어느 기도 모임에서 믿음의 사람들을 만난 뮬러는 그들이 기도하는 모습을 통해 깊은 감명을 받고 그리스도 안에 있는 새 사람으로 거듭나게 되었다.

뮬러는 98년 8개월 동안 이 세상에서 살았다. 그동안 그는 73년 2개월을 하나님과 동행하면서 1만 명 이상의 고아를 보살폈다. 2백 명 이상의 선교사들을 후원했고, 42개국을 방문해서 3백만 명 이상의 사람들에게 복음을 전했다. 그와 같은 과정을 통해서 5만 번 이상 기도의 응답을 받은 그를 사람들은 기도의 사람, 혹은 믿음의 사도라고 불렀다. 삶 자체가 인간의 삶을 인도하고 역사하시는 하나님의 모습을 잘 보여주었기 때문이다. 이런 뮬러의 생애는 다음처럼 구분할 수 있다.

> 1805-1825년　출생부터 하나님의 은총으로 회심할 때까지
> 1825-1835년　회심 이후부터 고아원 사역에 착수할 때까지
> 1835-1875년　고아원 운영에 착수할 때부터 선교여행을
> 　　　　　　　시작할 때까지
> 1875-1892년　선교여행을 시작하고 마칠 때까지
> 1892-1898년　선교여행을 마칠 때부터 세상을 떠날 때까지

각각의 시기마다 그 나름의 특징과 중요한 사건을 포함하는 조지 뮬러의 삶은 1805년 9월 27일 프러시아의 크로펜슈타트에서 시작되었다. 생후 5년까지의 기록이 전혀 남아 있지 않아서 어떻게 성장했는지 알 수 없지만, 1810년에 가족 모두가 하이머슬레벤으로 이사를 해서 그 후 11년 동안 줄곧 그곳에서 생활했다. 세무원이었던 아버지는 자식들에게 무척 관대했는데, 이것이 조지 뮬러에게는 상당한 해가 되었다. 나중에 뮬러는 자신의 어린 시절을 이렇게 회상했다.

"아버지는 자식들을 세상적인 원리에 따라서 양육하셨다. 그래서

어린 우리에게 나이에 걸맞지 않게 큰돈을 주셨다. 그 돈 덕분에 나와 동생은 많은 죄를 저질렀다. 십대가 되기 전부터 나는 습관적으로 아버지가 관리하는 정부의 세금을 몰래 훔쳤다. 결국 아버지는 도둑질을 눈치 채셨다. 그래서 일부러 내 방에 많은 돈을 놓고 나를 시험하셨다. 그것도 모른 채 나는 그 돈에서 일부를 훔쳐 신발 안에 숨겼다."

이렇게 도둑질이 아버지에게 발각되는 최악의 상황에 직면하더라도 뮬러는 그다지 개의치 않았다. 열 살이 되기 전까지 아버지가 정부를 대신해서 거둬들인 세금에 손을 댄 게 한두 번이 아니었다. 그때마다 뮬러는 벌을 받으면서도 다음에는 어떻게 해야 들키지 않고 돈을 훔칠 수 있을지 궁리할 정도로 나쁜 짓에 완전히 젖어 있었다. 아버지는 자식들이 빼돌린 손실분을 어쩔 수 없이 대신 메워야 했다.

뮬러가 열한 살 때 아버지는 대학교 진학을 위해 할버슈테트 대성당에서 운영하는 고전학교에 입학시켰다. 아버지는 뮬러가 성직자가 되기를 바라셨다. 하나님을 섬기기 위해서라기보다는 안정적인 수입을 올릴 수 있었기 때문이었다. 뮬러가 좋아하는 일은 공부와 소설 읽기, 그리고 나쁜 행동이었다.

불과 열네 살 때 뮬러의 어머니가 갑자기 세상을 떠났다. 어머니가 임종하던 밤에도 그는 친구들과 어울려 쏘다니면서 새벽 2시까지 카드놀이를 했고, 다음날 주일에는 술집을 찾아갔다. 어머니의 죽음마저도 잠자고 있는 뮬러의 양심을 일깨우지 못했다. 어머니보다 술과 도박을 더 사랑했다.

견신례와 성찬식을 사흘 앞두고서 그는 자신의 표현처럼 '엄청나게 부도덕한 행동'을 저지르게 되었다. 견신례 하루 전에는 목사님을 만나서 죄를 고백하는 시간이 있었지만 거짓으로 그 순간을 모면했고, 1820년에 결국 정식으로 교인이 되었다. 하지만 그는 여전히 죄와 결별하지 않았고, 거룩한 삶을 살기로 결심했다가도 순식간에 생각을 바꿨다.

뮬러는 열여섯 살 때 어느 고급 호텔에 묵었는데 밀린 숙박비를 지불하지 않고 빠져나가려다 발각되어 4주 동안 구금된 일이 있었다. 사실 이렇게 숙박비를 치르지 않고 주인 몰래 도망친 것은 이때가 처음은 아니었다. 아버지가 찾아와서 도움을 주었지만 집으로 오기 전에 심하게 매를 맞았다.

뮬러는 아버지가 다시 한번 기회를 줄 것이라고 확신했다. 그는 노드하우젠에 있는 학교에 입학해서 그 학교의 교장 사택에서 생활했다. 교장이 모범적인 학생으로 생각할 정도로 라틴어 고전을 비롯해 다양한 과목을 부지런히 공부했지만 속으로는 여전히 죄를 가까이 했다. 어쩌다가 양심의 가책 때문에 자신의 행동을 고쳐보려고 노력했지만 별로 소득은 없었다.

스무 살에 뮬러는 신학을 공부하기 위해서 괜찮은 성적으로 할레대학교에 입학했다. 그는 루터교회에서 설교할 수 있는 권리를 갖게 되었지만 별로 기뻐하지 않았고, 과거와 마찬가지로 하나님을 가까이 하지도 않았다. 신학교에서의 삶은 사도 바울의 이런 고백과 다르지 않았다. "내가 원하는 바 선은 행하지 아니하고 도리어 원하지 아니하는 바 악을 행하는도다"(롬 7:19).

### 리마커블한 회심

1825년 11월 어느 토요일 오후의 일이었다. 뮬러는 친구 베타와 함께 산책하고 있었다. 그 친구가 바그너라는 기독교 상인의 가정에서 매주 토요일 저녁마다 모이는 기도집회를 소개했다. 사람들이 그곳에서 성경을 읽고 찬송을 부르고 기도하면서 인쇄된 설교문을 읽는다는 것이었다. 뮬러는 베타의 말을 듣는 순간 평생 찾아다니던 보물을 발견한 기분이었다. 두 사람은 그날 저녁 기도모임에 참석했다.

뮬러는 그곳에서 환영받았지만 성도들이 기뻐하는 것을 지켜보면서도 그 이유를 깨닫지 못했다. 그는 평생 처음으로 무릎을 꿇고 기도하는 모습을 목격했다. 그것은 그에게 깊은 인상을 남겼고, 그래서 나중에 런던선교협회의 후원을 받아서 아프리카 선교사로 떠난 카이저 형제가 기도할 때 뮬러는 이렇게 생각했다. '나는 이 사람보다 훌륭한 교육을 받고 있으면서도 저만큼 기도하지 못하는구나.'

모임을 마치고 자리를 떠날 때 그는 괜히 마음이 기뻤다. 일평생 기도모임에서처럼 즐거움을 경험한 적이 없었기 때문이다. 그래서 친구에게 이렇게 말했다. "우리가 여행할 때 보았던 것과 우리가 이전에 누리던 세상의 쾌락은 오늘 저녁에 비하면 아무것도 아니구나." 하나님은 뮬러의 마음속에서 은총의 역사를 시작하셨고, 그날 저녁이 인생의 전환점이 되었다.

뮬러는 바그너의 집을 계속해서 방문했고, 또다시 하나님의 말씀을 공부하고 다른 그리스도인들과 함께 어울려 기도하고 싶어서 다음 토요일까지 기다리는 게 쉽지 않았다. 그가 자신이 지은 죄를 단번에 회개한 것은 아니었지만 행실이 좋지 않은 친구들과 어울리지 않았고 술집에도 완전히 발길을 끊었다. 거짓말하는 습관도 사라졌다. 그는 바른 생각을 가지고서 예배에 참석하기 시작했고, 동료 학생들이 비웃더라도 개의치 않고 공개적으로 그리스도에 대한 신앙을 고백하게 되었다.

### 뮬러의 선교 열정

우연한 기회에 뮬러는 선교잡지에 실린 어느 선교사의 편지를 읽다가 선교사가 되고 싶다는 생각을 하기 시작했다. 주님을 완벽하게, 그러면서도 어떤 제한도 없이 섬기고 싶은 열망에 사로잡힌 뮬러는 자신이 새롭게 발견한 기쁨을 다른 사람들과 함께 나누고 싶었다. 이후로 아버지와 동생의 영적 상태를 염려하게 된 그는 신앙생활을 권하는 편지를 보냈다. 안타깝게도 두 사람은 아주 불쾌하다는 답장을 보내왔다. 아버지는 뮬러가 한눈팔지 않고 성직자가 되어서 살림에 보탬이 되기를 바랄 뿐이었다.

그 무렵에 프리드리히 톨럭 박사가 할레대학교로 자리를 옮겨서 신학을 가르치게 되었다. 톨럭 박사가 학교를 옮겨서 가르치게 되자 제자들 가운데 몇 명이 계속 그의 지도를 받기 위해 함께 따라왔다. 경건한 사람이었던 톨럭은 뮬러에게 제자들을 소개했다. 그들은 뮬러의 신앙이 성장하도록 상당한 도움을 주었고, 그 덕분에 뮬러는 선교사로 봉사하고 싶은 생각이 한층 더 강렬해졌다.

뮬러는 아버지에게 독일 선교사훈련원에 입학하는 데 필요한 허락을 구했다. 아버지는 그가 만일 그런 과정을 밟으면 더 이상 자식으로 간주하지 않겠다고 대답했다. 뮬러가 목사가 되면 여생을 사택에서 함께 보낼 생각을 하고 있었다. 그는 그런 계획을 따르겠다고 장담할 수 없으니 더 이상 아버지에게 재정을 신세질 수 없다고 생각했다. 2년 더 신학을 공부하려면 돈이 필요했지만 어쩔 수 없었다.

톨럭은 뮬러가 문학을 공부하러 할레대학교를 찾아온 미국인 교수들에게 독일어를 가르치면서 비용을 충당할 수 있도록 배려해주었다. 그는 얼마 지나지 않아서 헤르만 볼을 만나게 되었다. 볼은 가족과 함께 안정된 생활을 하기보다는 폴란드 지역에 거주하는 유대인들을 상대로 사역하기로 결심한 부유한 사람이었다. 볼의 헌신적인 모습은 뮬러에게 깊은 인상을 남겼고, 그래서 유대인들을 위한 선교사가 되고 싶은 간절한 마음을 갖게 되었다.

뮬러는 우연한 기회에 고아원 사역을 접하게 되었다. 묵을 곳이 없는 그를 위해 톨럭은 오래 전에 프랑케가 건축한 고아원 건물에서 지낼 수 있도록 도와주었다. 이 일을 계기로 뮬러는 전적으로 하나님을 의지하면서 사재를 털어 고아원을 운영한 적이 있는 프랑케로부터 상당한 영향을 받게 되었고, 그 덕분에 브리스톨에서 고아원 사역을 시작하게 되었다.

계속해서 뮬러는 톨럭으로부터 영국대륙협회가 부카레스트에서 선교사역을 담당하는 나이 많은 선교사들과 동역하며 지원할 수 있는 목사를 파송하려고 한다는 소식을 듣게 되었다. 뮬러는 신중하게 생각하고 기도한 뒤 그 일을 자청했다. 예상 밖으로 아버지 역시 그의 생각에 순순히 동의해주었다.

뮬러는 부카레스트로 떠날 준비를 하다가 헤르만 볼이 건강이 악화되어 사역에서 은퇴하려고 한다는 사실을 알게 되었다. 이때까지 하나님의 섭리가 다른 곳에 있다는 사실을 뮬러는 알지 못했다. 그는 볼의 자리를 대신 맡고 싶은 마음이 간절했지만 이미 부카레스트로 떠나겠다고 약속한 것을 지키지 않을 수 없었다.

1827년 11월 17일, 뮬러가 톨럭 교수를 방문하자 유대인들을 상대로 사역할 생각이 없는지 물었다. 그는 그 질문을 듣고 깜짝 놀라면서 자신이 지난 몇 주 동안 계속해서 그런 생각을 하고 있었다고 대답했다. 그러나 두 사람은 부카레스트로 떠나기로 헌신한 것을 존중할 필요가 있다는 데 동의했다.

하지만 다음 날 아침이 되자 부카레스트로 떠나고 싶은 마음이 완전히 사라졌다. 뮐러는 하나님께 마음을 되돌려달라고 기도했고, 그렇게 해서 응답을 받게 되었다. 그러면서도 여전히 히브리어에 관심을 갖고서 하루에 12시간씩 부지런히 공부했다.

열흘 정도가 지나자 톨럭은 터키와 러시아간의 전쟁 때문에 선교협회가 선교사를 부카레스트로 파송하지 않기로 결정을 내렸다는 사실을 알게 되었다. 그는 뮐러에게 다시 한번 유대인 선교사로 사역할 생각이 없는지 물었다. 기도로 하나님의 뜻을 확인하고 난 뒤, 뮐러는 런던협회의 유대인 선교부에 사역을 신청하기로 결심했다. 톨럭 교수의 추천 덕분에 뮐러는 선교사 후보생으로 선발되었다.

협회는 뮐러에게 런던에 와서 6개월 동안 수련기간을 거치도록 요구했다. 하지만 이것은 간단하지 않은 문제였다. 프러시아에서는 대학교를 졸업한 사람은 반드시 1년간 군복무를 해야 했다. 그전까지는 여권이 전혀 발급되지 않았다. 뮐러는 어쩔 수 없이 징병검사를 받았지만 갑작스럽게 발병하는 바람에 군복무를 면제받고서 영국으로 건너갈 수 있었다.

뮐러가 런던에 도착했을 때는 몸이 너무 허약해져서 전혀 회복될 것 같지 않을 정도로 건강이 아주 심각해졌다. 그의 몸 상태는 점점 더 악화되었지만 오직 하나님의 백성만이 이해할 수 있는 방식으로 내적 평안을 누리고 있었다. 자신이 범한 잘못들이 생각났지만 주님께 용서의 은총을 받았다는 사실을 깨닫고서 평안을 되찾게 되었다. 그는 하나님이 바라시는 일이라면 죽어서 주님과 영원히 함께

할 준비가 되어 있었다.

의사가 찾아오자 뮬러는 이렇게 기도했다. "주님, 의사가 나를 치료할 수 있는 가장 확실한 방법을 모르고 있음을 주님은 아십니다. 그러니 그를 인도하소서." 그는 처방된 약을 먹으면서 기도했다. "주님, 주님은 이 약이 보잘것없는 물에도 미치지 못한다는 것을 아십니다. 그렇다면 주님, 그것이 나의 건강과 주님의 영광에 도움이 되게 허락하여주옵소서. 저를 바로 하늘나라로 데려가시거나, 아니면 회복시켜주옵소서. 주님, 주님이 가장 좋다고 생각하는 길로 인도하소서!"

하나님의 뜻은 뮬러가 건강을 회복하는 것이었지만 그는 병을 앓는 동안에도 여전히 책을 손에서 놓지 않고 공부를 계속했다. 동료들이 요양할 수 있도록 그를 시골로 초대했는데, 그는 이 기회를 활용해서 성경을 공부하는 데 상당한 시간을 할애했다.

하나님의 교훈은 풍성하고 철저했다. 뮬러는 하나님의 말씀을 '판단의 기준'으로 삼아야 한다는 것, 그리고 성령을 스승으로 모셔야 한다는 것을 깨달았다. 그는 오직 성경만 공부하기 위해서 지니고 있던 성경 주석이나 다른 서적들을 한쪽으로 치웠다. 그는 오직 하나님의 말씀만 읽던 첫째 날 저녁에 과거 몇 개월 간 배운 것보다 더 많은 것을 깨닫게 되었다고 이렇게 고백했다.

"하나님은 나에게 그분의 말씀만이 우리의 유일한 판단 근거가 된다는 것을 보여주셨다. 그리고 하나님의 말씀은 오직 성령을 통해서만 이해될 수 있고, 과거나 현재나 하나님은 늘 우리의 인도자가 되어주신다는 사실을 알게 되었다."

건강을 회복하고 1829년 9월에 런던으로 돌아온 뮬러는 자신의 능력을 주님의 사역에 쏟아붓기로 결심했다. 그는 즉시 선교사로 떠나고 싶었지만 선교협회로부터 응답을 받지 못했다. 공식적인 허락을 기다리는 동안 선교사의 직함과 관계없이 자신이 처한 곳에서 하나님을 섬기기 시작해야 한다는 사실 깨달았다. 그는 런던에 거주하는 유대인들에게 소책자를 나눠주기 시작했고, 얼마 지나지 않아 50명의 유대인 소년들을 위해 주일학교 반을 만들어서 성경을 가르쳤다.

1829년이 끝나갈 무렵, 뮬러는 런던협회에 경제적인 지원을 기대할 필요가 없다고 생각하게 되었다. 그는 오직 주님만 바라보면서 인도하심과 도와주심을 기대해야 한다는 사실을 깨달았다. 뮬러는 어떤 사심도 없이 협회와의 관계를 정리하고서 주님이 문을 열어주시는 곳마다 자유롭게 복음을 전했다.

## 하나님을 신뢰하는 삶

하나님은 뮬러에게 테인머스에 있는 에벤에셀교회를 맡기셨는데 교인이 모두 18명이었다. 여기서 뮬러는 하나님의 인도하심을 따라 사람들에게 설교하는 방법을 익힐 수 있었다. 그는 일찌감치 "기도와 묵상생활만이 주님이 사용하실 수 있는 그릇으로 만든다"는 것을 깨달았다. 하나님의 축복과 인도하심과 임재 없이는 무엇 하나 제대로 할 수 없지만 하나님을 의지할 때 빌립보서 4장 13절을 주장할 수 있다는 것을 배웠다. "내게 능력 주시는 자 안에서 내가 모든 것을 할 수 있느니라."

뮬러는 테인머스에서 메리 그로브스를 만나 가정을 이루었다. 그녀는 당시 여성으로서는 드물게 많은 교육을 받았고 프랑스어와 라틴어, 그리고 히브리어는 물론이고 천문학에까지 상당히 조예가 깊었다. 친구의 집에서 소박하게 결혼식을 올린 뮬러와 그로브스는 40년 이상 하나님의 축복을 함께 누릴 수 있었다.

뮬러 부부는 교인들의 도움에 감사하면서도 하나님의 지시대로 사례비를 전혀 받지 않았다. 사례비 때문에 순수한 복음을 전하는 게 영향을 받게 될까봐 고심한 끝에 내리게 된 결정이었다. 그가 정해진 사례비를 포기하기로 결정한 이유는 다음 세 가지였다.

첫째, 목사를 위한 사례는 대개 교회의 자릿세를 통해서 징수되는 금액으로 충당되었다. 그렇지만 성경(약 2:1-6)에 따르면 자릿세는 주님의 뜻이 아니었다. 둘째, 일정한 자릿세는 때때로 그리스도를 따르는 이들에게 짐이 될 수 있었다. 소유가 넉넉한 사람에게는 문제가 없었지만 가난한 교인들에게는 불가능한 일이었다. 셋째, 자릿세와 사례비는 목사에게 함정이 될 수 있었다. 목사의 사역이 영적인 이유가 아니라 생계를 위한 것으로 전락할 가능성이 높았다.

뮬러 부부는 사례비를 안 받는 대신에 예배당에 상자 한 개를 설치하기로 했다. 목사를 돕고 싶은 이들은 상자에 헌금을 넣도록 알리는 글을 붙여두었다. 덕분에 뮬러는 누가 생활비를 제공했는지, 혹은 어떤 사람이 얼마나 많이 헌금했는지 알 수 없었다. 하나님은 이런 신앙의 발걸음을 축복하셨고, 그래서 그들에게는 부족함이 없었다. 이 일을 통해서 하나님을 더 크게 의지하고 자신의 모든 기도에 하나님이 응답하시는 것을 두 눈으로 목격하는 즐거움을 누리는 길에 들어서게 되었다. 테인머스에서 얻은 신앙의 교훈 덕분에 브리스톨로 사역지를 옮기고 난 뒤에는 하나님을 더욱 크게 의지할 수 있었다.

테인머스에서 2년 3개월을 보내고 난 뒤 뮬러는 그곳에서의 자신의 사역이 조만간 마무리될 것 같다는 생각을 하게 되었다. 브리스톨에서 활동하고 있는 헨리 크레익으로부터 도움을 요청하는 편지를 받게 된 것이다. 1829년에 테인머스에서 요양하는 동안 알게 된 크레익은 나이는 물론 신앙의 배경까지 비슷해서 뮬러와 막역한 친구가 되었다. 그런 크레익이 긴급하게 도움을 청해 온 것이었다. 뮬러는 그것이 하나님의 뜻이라는 것을 확인하고서 1832년 5월 25일에 브리스톨에 도착했다.

브리스톨에 도착한 뮬러는 기드온교회에서 첫 설교를 했다. 이후로 두 사람은 함께 교회를 담당했다. 그리고 다시 얼마 뒤에는 베

데스다교회까지 한꺼번에 맡아서 두 개의 교회에서 사역하게 되었다. 두 사람이 브리스톨에서 처음 1년간 사역하는 동안 하나님은 109명의 교인을 보내주셨다. 65명이 새롭게 결단했고, 나머지는 다시 한번 주님을 섬기게 된 성도들이었다.

걸인을 돕는 아침식사 모임 역시 급속히 확대되었다. 단순히 아침식사를 거르는 불쌍한 어린이들에게 먹을 것을 제공하고 성경을 가르치는 모임에 아침마다 40명 이상이 모이게 되면서부터 뮬러는 사업의 확대를 계획하게 되었다. 브리스톨 지역에만 식사를 거르는 어린이들이 수천, 혹은 수만 명에 육박했기 때문이었다.

1834년 2월, 하나님은 뮬러에게 국내외에 복음을 확산시킬 수 있는 단체를 설립하도록 인도하기 시작했다. 이미 같은 목적으로 활동하고 있는 조직이 여럿 있었지만 뮬러는 세상과 노골적으로 타협하고 있는 단체들과는 성격이 전혀 다른 모임을 조직해야 할 것 같았다. 같은 해 3월 5일 저녁에 뮬러는 공식적인 집회를 개최했고, 그 자리에서 국내외를 위한 성경지식연구원을 설립했다.

성경지식연구원의 운영목표는 분명했다. 가난한 사람들을 위해서 학교를 운영하고, 성경을 구입하지 못하는 이들에게 성경을 무료로 나눠주고, 그리고 외국에 있는 선교사들을 재정적으로 돕는 일이었다. 이런 목적을 달성하기 위해서 절대로 그리스도인이 아닌 사람들로부터 재정후원을 받지 않고, 운영에도 참여시키지 않으며, 어떤 형태의 빚을 져서도 안 된다는 운영원칙을 결정했다. "이것이 주님의 영광을 가릴 수도 있다"고 믿었기 때문이었다.

　성경지식연구원을 처음 시작할 때 사람들은 운영원칙이나 목적에 대해서 상당히 부정적이었다. 하지만 세상적인 노력을 포기하고 오직 기도에 전념하자 하나님은 헌신적인 자녀들을 통해서 놀라운 축복을 허락하셨다. 덕분에 120명의 학생들이 주일학교에서 교육을 받았고, 성인학교에서 40명의 학생이, 그리고 4개의 주간학교(남학교와 여학교 각각 2개씩)에서 209명의 학생들이 공부할 수 있었다. 이듬해 6월이 되자 그 숫자는 439명으로 늘어났다.

　연구원의 설립 목적이었던 성경 보급사역도 지속적으로 진행되었다. 처음 7개월 동안 482권의 신구약 성경과 520권의 신약성경을 배포했을 뿐만 아니라 상당한 금액의 후원금을 캐나다를 비롯해서 동인도나 기타 유럽지역에서 활동하고 있는 해외선교사들에게 보냈다. 뮬러는 1835년 1월 21일 일기에 이렇게 기록했다.

　"기도의 응답으로 생각하지 못한 곳에서 성경지식연구원을 위해
　5파운드의 헌금이 들어왔다. 우리의 소유를 외부에 쏟아부으면
　하나님은 안으로 우리에게 쏟아부어주신다는 진리를 깨닫게 되
　었다."

　18개월 동안 성경지식연구원 사역을 통해서 하나님의 인도하심을 경험하게 된 뮬러는 고아원을 설립하는 문제를 심각하게 고려했

다. 1835년 11월 20일, 뮬러는 할레에서 고아원을 운영했던 프랑케처럼 어느 자매가 자신의 집에서 고아들을 돌보는 것을 보고 크게 자극을 받았다. 그로부터 얼마 지나지 않은 12월 5일에 즉시 고아원을 설립해서 운영하기로 결심했다. 하나님 역시 말씀을 통해서 그의 생각을 격려하셨다.

> "그날 저녁 나는 '너의 입을 넓게 열라. 그리하면 내가 채우리라'는 성경 말씀에 부딪히게 되었다. 하나님은 이 성경 말씀을 고아원 사역에 적용하기를 바라셨다. 하나님은 나에게 고아원을 위해서 토지, 1천 파운드의 돈, 그리고 아이들을 돌볼 수 있는 사람들을 보내달라는 기도를 하라고 말씀하셨다."

1836년 4월 11일, 윌슨 가 6번지에 고아원을 처음으로 설립해서 70명의 고아들을 받아들였다. 얼마 뒤, 윌슨 가 1번지에 또 다른 주택을 구입해서 30명의 영아들을 위해 두 번째 고아원을 개원했다. 그리고 다음해에는 7세 전후의 남자아이들을 돌보기 위해 윌슨가 3번지에 세 번째 고아원을 개원해야 했다.

윌슨가를 중심으로 진행된 뮬러의 고아원 사역은 하나님의 놀라운 축복에 힘입어서 지속적으로 확대되었고, 마침내 그 지역에서는 더 이상 감당할 수 없는 수준으로까지 발전하게 되었다. 뮬러는 고아원의 확대 이전을 놓고 기도하기 시작했고, 그 꿈은 1849년 6월

18일에 성취되었다. 브리스톨에서 2킬로미터 정도 거리에 있는 애슐리 다운 언덕에 세워진 제1고아원을 운영하는 동안 크고 작은 여러 가지 문제가 닥치기도 했지만 뮬러는 오직 기도에 전념하며 철저히 하나님만을 의지했다. 하나님은 그의 기도에 일일이 응답하셨는데, 뮬러는 하나님의 기도 응답을 하나도 빠뜨리지 않고 자신의 일기에 기록해두었다.

1857년 11월에는 제2고아원을 개원했고, 1862년 3월에는 또다시 제3고아원이 문을 열었다. 하나님은 뮬러의 사역이 계속해서 확대되기를 기대하셨다. 기존 고아원들을 건축하는 과정에서 남은 재정과 하나님의 인도하심으로 후원받은 기부금을 모아서 두 개의 고아원을 더 건축하게 되었다.

하나님은 이처럼 한 때 누구보다 악을 가까이 하던 조지 뮬러를 기도의 사람으로 직접 빚으시고 그를 통해 놀라운 일을 행하셨다. 그는 63년간 고아원을 운영했고, 1만 명의 고아들을 먹이고 입히는 과정에서 기도 이외에는 다른 것을 결코 의지하지 않으려고 했다. 사람들은 하나님이 뮬러에게 5만 번 이상 기도에 응답하셨다는 것을 높게 평가하지만 그의 능력 있는 기도의 비결은 끈기 있게 포기하지 않은 기도의 자세에 있었다. 뮬러는 수십 년간 응답되지 않더라도 결코 기도를 멈추지 않았다.

"1844년 11월. 나는 다섯 명의 영혼들이 주님에게 돌아올 수 있도록 기도했다. 나는 하루도 거르지 않고 기도했다. 병이 들었든 아니면 뭍이나 바다를 여행하든, 또는 일로 바쁘든지 간에 항상 그들을 위해서 기도했다. 그렇게 18개월이 지나자 한 사람이 회심했다. 나는 하나님께 감사하고 나머지 사람들을 위해서 계속 기도했다. 5년이 지나자 또 다른 한 사람이 회심했다. 나는 그 두 번째 사람의 회심에 대해 하나님께 감사했다. 그리고 나머지 세 사람을 위해서 여전히 기도했다. 매일 기도한 결과 세 번째 사람도 돌아왔다. 나는 하나님께 감사하고 나머지 두 사람을 위해서 기도했다. 그러나 그들은 여전히 하나님께로 돌아오지 않았다. 하나님께 기도할 때마다 수천 번의 기도 응답을 받은 내가 그들의 영혼을 위해서 거의 매일 36년간 기도했지만 그들은 여전히 회개하지 않고 있다. 그러나 나는 하나님 안에서 계속 소망을 가지고 있다. 응답을 받을 때까지 계속 기도할 것이다. 비록 그들이 지금은 회개하지 않더라도 언젠가는 회개할 것이다.”

뮬러가 52년간 기도했지만 두 사람은 조금도 반응하지 않았다. 하지만 1898년, 그가 세상을 떠난 뒤에 하나님은 두 명의 영혼 역시 하나님에게 돌아오도록 만드셨다. 이처럼 조지 뮬러는 하나님이 즉시 자신의 기도에 응답하실 때 하나님께 감사했고, 그렇지 않을 때도 하나님에게 끈질기게 기도해서 응답을 받았다. 이것이 바로 뮬러가 평생 간직하던 응답받는 기도의 비결이었다.

"그의 거룩한 처소에 계신 하나님은 고아의 아버지시며 과부의
재판장이시라"(시 68:5), 이 말씀이 독특한 방식으로 조지 뮬러의
가슴을 울렸다. 물질적 어려움은 오직 믿음과 기도만으로
해결될 수 있다고 생각한 뮬러는 전적으로 하나님의 도우심에
의지해서 1835년 고아원 사역을 시작했다. 하늘 아버지에 대한
그와 같은 완벽한 신뢰가 조지 뮬러에게는
전혀 새로운 일이 아니었다. _ 보니 하비

# 말씀에 순종해
# 시작한 고아원 사역

* * * * *

조지 뮬러는 선교 현장으로의 부르심을 염두에 두고 있었지만 하나님은 선교 현장을 그에게로 가져오셨다. 하나님은 고아들을 돌보는 일을 통해서 뮬러가 하나님의 성실하심을 증거하고 싶은 마음을 갖게 하셨다. 빈민과 고아들에게 늘 관심을 갖고 있던 뮬러였지만 불신자들을 돌보는 일에 한층 더 부담을 느끼고 있었다. 그는 자신의 저서 「일화」 제1권에서 고아원 사역을 시작하게 된 계기를 이렇게 소개하고 있다.

하나님의 자녀가 나이를 먹는 것과 더 이상 일하지 못하게 될까 봐 두려워할 때가 있다. 형편이 악화되어 스스로 부양할 능력이 사라지게 될까 봐 심란해 한다. 하나님 아버지께서 자신을 신뢰하는 사람들을 어떻게 항상 도와주시는지 알게 되면 "시대가 바뀌었다"

는 식으로 말하지는 않을 테지만 그들은 하나님을 살아계신 분으로 간주하지 않는 게 분명하다. 나는 그리스도인들이 그렇게 신앙을 잃어버린 모습을 접할 때면 마음이 무거웠고, 이런 하나님의 자녀들이 요즘에도 하나님은 자신을 의지하는 이들을 외면하지 않는다는 사실을 깨달을 수 있도록 어떻게든지 돕고 싶었다.

하나님의 자녀 가운데 내적 갈등을 겪고 있는 또 다른 부류는 기독교 사업가들이었다. 그들은 불신자와 거의 다를 바 없이 사업을 운영하다가 가끔 양심의 가책을 느꼈다. 치열한 경쟁, 좋지 않은 경기, 그리고 많은 사람이 하나님의 말씀에 근거해서 사업을 하더라도 신통한 결과를 얻을 수 없다는 구실로 제시되었다. 그런 사업가는 자신이 처한 상황이 남다를 수 있다는 기대를 표현한 것일 수도 있다. 하지만 내가 고아들을 위한 사업을 시작하기 전까지는 하나님의 입장을 대변하면서 살아계신 그분을 신뢰하기로 거룩한 결정을 하거나 선한 양심을 간직하려고 그분을 의지하는 사람을 만나는 게 정말 쉽지 않았다. 그래서 나는 하나님이 변함없는 분임을 두 눈으로 확인할 수 있는 증거들을 이 사람들에게 보여주고 싶었다.

순수한 양심을 갖고 싶어도 그럴 수 없는 직업을 가진 사람들도 있었다. 이 사람들은 영적인 문제에 대해서 성경과 견해가 달랐다. 그들은 하나님과 교제하는 동안에는 자신의 지위를 유지할 수 없다는 것을 알면서도 직장을 잃을까 봐 직업을 바꾸거나 맡은 일을 그만두려고 하지 않았다. 나는 하나님의 바람이 담긴 그분의 말씀에서 찾아낸 사례들과 그분을 의지하는 모든 이를 도울 수 있는 능력을 제시하고 싶었다. 그래서 하나님이 오늘날에도 변함이 없다는 사실을 확인할 수 있는 증거들을 보여주어서 그들이 믿음을 되찾도록 도와주고 싶은 마음이 간절했다.

나는 하나님의 말씀에 만족해야 하고, 그리고 은총 덕분에 나는 그것으로 족하다는 것을 잘 알고 있었다. 게다가 나는 형제들에게 도움의 손길이 되어야 한다고 생각했기에 주님의 변함없는 성실하심을 이렇게 눈으로 확인할 수 있는 증거를 제시함으로써 하나님에 대한 그들의 믿음이 성장하도록 돕고 싶었다. 나는 주님이 자신의 종을 돌보시는 모습을 지켜보면서 내 영혼이 얼마나 많은 축복을 누렸는지 떠올렸다. 살아계신 하나님을 전적으로 의존한 아우구스트 프랑케는 대형 고아원을 설립했다. 나는 직접 긍휼을 누린 것과 마찬가지의 방식으로, 즉 하나님의 말씀에 의지해서 그분을 따르고 의지하면서 하나님의 교회의 종이 되는 게 마땅하다고 생각했다. 하나님의 성실하심을 보여주는 이런 증거를 직접 여러 번 목격했기 때문이다.

내가 알고 있는 수많은 그리스도인이 주님을 의지하지 않아서 괴로워하고 낙심하고 있다. 그래서 시도하게 된 이 모든 영적 훈련을, 하나님은 자신이 전혀 변하지 않았다는 것을 나로 하여금 교회와 세상에 입증하고 싶어 하는 마음을 갖게 하는 데 활용하셨다. 고아원의 설립이 하나님의 성실하심을 입증할 수 있는 가장 좋은 방법처럼 보였다. 그 일을 위해서는 육신의 눈으로 직접 확인할 수 있는 게 필요했다.

그런데 가난한 내가 그 누구의 도움을 받지 않고 고아원을 설립해서 운영할 수 있게 된다면 그것은 주님의 축복에 힘입어서 그리스도인들의 믿음을 성장시키는 도구가 될 것 같았다. 게다가 그것은 만물의 주인이신 하나님을 불신하는 이들의 양심에 증거가 될 수도 있었다. 그래서 이것이 고아원을 설립한 일차적인 이유였다.

사실 나는 부모를 모두 잃은 가난한 어린이들을 돌보는 일을 하나님이 맡겨주셨으면 했다. 그리고 하나님의 도움을 받아 그들이 이 세상에서 제 몫을 하며 살아가도록 돕고 싶었다. 나는 사랑스러운 고아들이 하나님을 경외하도록 교육하는 데 하나님이 나를 사용하셨으면 하고 진정으로 바라기도 했다. 게다가 그 사업의 일차적인 목적은 지금도 그렇지만 나 자신이나 동료 사역자들이 누군가에게 필요한 것을 구하지 않더라도 내가 돌보는 고아들이 오직 기도와 믿음에 의지해서 모든 필요를 공급받음으로써 하나님의 성실하심이 입증되었다는 사실로 인해 하나님이 영광을 받으시는 것이었다. 하나님이 필요를 채워주시면 사람들은 그분이 여전히 우리의 기도를 듣고 응답하신다는 사실을 인정할 것이다.

나의 선택이 잘못되지 않았다는 게 1835년 이후로 수없이 입증되었다. 이 사역을 소개하는 글을 접한 수많은 불신자가 회심하고 성도들의 가슴에는 상당한 믿음의 결실이 맺히게 되었다. 나는 영혼

깊숙한 곳에서부터 하나님이 필요를 채워주신 것에 감사한다. 명예와 영광은 모두 하나님 때문이고 하나님이 도와주셔서 그분을 찬양하게 되었다.

## 입을 크게 열라

뮐러가 1836년 1월 16일에 기록한 내용을 통해 그가 하나님의 인도하심을 의지하면서 브리스톨에 고아원을 설립하는 것에 관해 하나님의 뜻을 알고 순종하려 했다는 사실을 알 수 있다.

최근에 주님을 의지해서 고아원을 설립했으면 하는 생각이 들어서 지난 두 주 동안 주님의 뜻이라면 그렇게 해달라고 기도에 매달렸다. 그렇지 않다면 하나님의 은혜로 그 모든 생각을 기쁘게 접을 수 있게 해달라고 기도했다. 주님의 마음을 헤아릴 수 없으니, 가난하고 부모를 잃은 어린이들에게 가정을 제공하고 성경을 교육하는 일을 그분이 좋아하시는지 질문할 수 없었다. 나는 그런 목적을 정한다는 게 그분의 뜻인지 물었다. 이미 내 손에는 아무것도 남은 게 없었다.

그렇지만 나는 만일 그게 하나님의 뜻이라면 방법은 물론이고 어린이들을 돌보는 데 적합한 사람까지 보내주실 것이라고 생각했다. 그 과정에서 내가 담당해야 할 부분은 한둘이 아니었지만 중요한 문제를 생각하면서 시간을 바치는 게 전부였다. 두 주 내내 나는 그 일과 관련해서 주님께 자금이나 사역자들을 전혀 구하지 않았다.

그렇지만 12월 5일에 내 기도 제목은 완전히 달라졌다. 시편 81편을 읽다가 그 어느 때보다 10절이 간절하게 다가왔다. "네 입을 크게 열라. 내가 채우리라." 나는 잠시 이 구절을 묵상하고 나서 고아를 위한 사업에 적용해 보았다. 나는 주님께 고아원 설립 여부에 관한 그분의 뜻 이외에는 그것과 관련된 무엇도 두 번 다시 묻지 않을 정도로 충격을 받았다. 그리고 나서 무릎을 꿇고 입을 크게 벌리고서 많은 것을 구했다. 나는 하나님의 뜻에 순종하면서 내 간구에 응답하는 순간을 정하지 않았다.

그분에게 주택을 달라고 기도했다. 임대를 하건 누군가 임대료를 지불하건, 아니면 이 일을 위해서 누군가 영구적으로 헌금을 하든 관계없었다. 그리고 1천 파운드와 어린이들을 제대로 돌볼 수 있는 사람을 놓고 간구했다. 이외에도 나는 그때부터 하나님이 자신의 백성들에게 그 주택에 필요한 가구와 어린이들을 입힐 수 있는 약간의 옷들을 보내고 싶은 마음이 들도록 간구하게 되었다. 나는 간구하면서 내가 무슨 일을 하고 있는 것인지 잘 알고 있었다. 나는 알고 있는 사람들로부터 도움을 받기보다는 주님이 당연히 허락하실 수 있는 것을 구하고 있었다.

며칠 지나지 않아서 뮬러는 기도에 대한 하나님의 응답을 목격하기 시작했다. 그는 일기에 다음과 같이 기록했다.

1835년 12월 10일. 아침에 나는 어느 형제와 자매에게 이런 내용의 편지를 받았다. "우리는 자격이 있는지 모르지만 고아원 사역에 헌신합니다. 아울러 주님이 우리에게 주신 가구 일체를 고아원에서 사용할 수 있도록 기증하겠습니다. 우리가 일하는 게 주님의 뜻이라면 모든 필요를 공급하시리라고 믿고서 무보수로 이 일을 감당하고 싶습니다."

12월 13일. 어느 형제가 주님이 수입을 허락하시는 한 매주 4실링, 혹은 해마다 10파운드 4실링을 헌금하기로 약정하면서 두 주치에 해당하는 8실링을 보내왔다. 어느 형제와 자매가 고아원 일을 돕는 데 참여할 수 있다면 자신들이 사용하는 일체의 가구와 설비를 제공하겠다고 했다.

이런 기도의 응답에도 뮬러는 낙심하기도 했다. 그는 일기에 이렇게 기록했다.

12월 17일. 어젯밤과 오늘 아침에 이런 식으로 일을 처리해야 하는지의 여부를 생각하다 보니 약간 기운이 없어서 주님께 조금 더 용기를 갖게 해달라고 간구하게 되었다. 얼마 지나지 않아서 어느 형제가 면으로 제작한 천을 보내왔다. 그리고 안감용 천들도 함께 기부했다.

저녁에는 또 다른 형제가 옷걸이 한 개, 아동용 원피스 세 벌, 앞치마 네 장, 손수건 여섯 장, 보자기 세 장, 담요 한 장, 백랍으로 만든 소금그릇 두 개, 주석으로 제작한 컵 여섯 개, 그리고 찻숟가락 여섯 개를 가져왔다. 형제는 그 외에도 세 사람이 전해달라고 맡긴 3실링 6펜스를 함께 가져왔다. 그러면서 어떤 사람이 내일 1백 파운드를 송금하려고 한다는 소식을 전해주었다.

## 하나님을 신뢰해야 하는 또 다른 교훈

뮬러는 아무리 사소한 일이라도 하나님의 인도하심을 조심스럽게 간구하면서도 한 가지 문제는 기도하지 않았다. 그는 나중에 이렇게 기록했다.

내가 기억하는 한 나는 고아원과 관련된 것은 더없이 작은 문제까지도 주님께 간구했다. 나 자신의 한계와 무지를 잘 알고 있었기 때문이다. 그렇지만 한 가지 문제, 그러니까 주님께 어린이들을 보내달라고는 한 번도 기도하지 않았다. 당연히 지원자가 넘칠 것이라고 생각했었다. 하지만 지원자를 접수하는 날이 다가올수록 내가 당연하게 생각하는 것을 주님이 허락하시지 않고, 그분 없이는 무엇 하나 성공할 수 없다는 것을 보여주실까 봐 남몰래 걱정하고 있었다.

예정일이 되었으나 단 한 명도 지원하지 않았다. 이때까지 나는 주님의 뜻을 거스르는 사업에 결국 참여하는 여부에 대해서 거듭 질문하고 싶었다. 그런데 상황이 이렇게 흐르게 되자 나는 2월 3일 저녁 내내 기도하면서 하나님 앞에 엎드려 있었다. 나는 고아원을 설립하려는 동기를 한 번 더 낱낱이 검토했다. 나는 이전과 마찬가지로 나의 일차적인 목적은 하나님께 영광을 돌리는 것, 즉 살아계신 하나님을 신뢰하는 게 헛된 일이 아니라는 사실을 입증하는 일이라고 말할 수 있었다. 나의 두 번째 목적은 고아들의 영적인 행복이었다. 세 번째 목적은 그들의 신체적인 행복이었다.

나는 기도를 계속하다가 마침내 진심으로 이 문제 때문에 하나님이 영광을 받으시는 게 아주 당연할 뿐더러 모든 일이 소득 없이 끝나도 마찬가지라고 고백하게 되었다. 하지만 고아원을 설립하고 제대로 운영하는 게 하나님의 영광에 도움이 될 것처럼 보였기 때문에 지원자들을 보내달라고 진심으로 그분께 간구할 수 있었다. 이제 나는 그 문제를 편안하게 대할 수 있었다. 하나님이 책임져주실 것이라고 어느 때보다 확신하고 있었다. 바로 다음 날인 2월 4일에 첫 번째 지원자가 도착했다. 이후로 계속해서 44명이 더 지원했다.

나중에 뮬러는 거의 1백 명을 돌보느라 재정이 부족하자 이런 기록을 남겼다.

1838년 7월 22일. 저녁에 작은 정원을 거닐면서 히브리서 13장 8절을 묵상했다. "예수 그리스도는 어제나 오늘이나 영원토록 동일하시니라." 하나님의 변함없는 사랑, 능력, 그리고 지혜를 묵상하다가 모든 것을 나 자신의 기도제목으로 삼았다. 나는 그분의 변함없는 사랑, 능력, 그리고 지혜를 내가 처한 영적인 문제와 세상적인 문제에 적용해 보았다. 그러자 당장 고아원에 필요한 게 떠올랐다.

나는 곧장 이렇게 고백했다.

"예수님은 사랑과 능력으로 지금껏 고아들이 필요로 하는 것들을 공급해주셨다. 그러니 그분은 변함없는 사랑과 능력으로 장차 내가 필요로 하는 것을 공급해주실 것이다."

변함없는 사랑의 주님을 떠올리자 내 영혼에 기쁨이 흘러들었다. 이 생각을 하고 나서 약 1분 뒤에 편지 한 통이 당도했다. 봉투에는 20파운드 지폐가 들어 있었다. 편지의 내용은 이랬다.

"동봉한 금액을 성경지식연구원이나 고아원, 혹은 어떤 방식으로든지 당신의 요청에 따라서 주님이 지정하시는 그분을 위한 사업과 목적의 발전에 써줄 수 있겠습니까? 대단한 금액은 아니지만 오늘의 필요를 해결하기에는 충분하고, 그리고 대개 주님이 허락하시는 것은 오늘에 필요한 양입니다. 내일 다시 필요하게 되면 공급해주실 것입니다."

이 20파운드 가운데 10파운드는 고아를 위한 기금에, 그리고 10파운드는 다른 용도에 충당해서 대략 34파운드가 소요되는 비용을 처리할 수 있었다. 나머지는 고아원과 관련해서 사흘을 넘기지 않고서 전해졌는데, 나는 일이 그렇게 진행될지 미리 알고 있었다.


## 기다리는 법 익히기

고아원에 필요한 것들은 많고 물질이 부족하다는 보고를 접한 뮬러는 필요한 것을 공급받기 위해 계속해서 주님을 의지했다. 일기를 읽어보면 그가 어떤 어려움에 처했는지 알 수 있다.

1838년 11월 21일. 오늘처럼 재정이 부족한 적이 없었다. 세 곳의 고아원을 담당하는 이들에게 동전 한 닢도 남아 있지 않았다. 그런데도 우리는 훌륭한 저녁식사를 마련하고 빵을 나누면서 오늘을 잘 마무리할 수 있었다. 나는 오후 1시에 형제자매와 헤어지기 전에 기도하고 난 뒤 도움을 기대하면서 주님이 이 순간에 어떻게 돌봐주실지 지켜보자고 말했다. 도움을 확신하고 있었지만 우리가 처한 상황은 너무나 심각했다.

킹스다운에 도착하니 무척 쌀쌀해서 몸을 더 움직여야 할 것 같았다. 그래서 집으로 가는 지름길을 포기하고 멀리 돌아서 가는 길을 택했다. 집에서 약 2킬로미터 정도 떨어진 거리에서 한 형제를 만나 함께 걸었다. 잠시 대화를 나눈 뒤에 그는 어려운 그리스도인들을 위해서 석탄과 담요와 따뜻한 옷을 구입할 수 있게 10파운드를 주었다. 그는 고아들을 위해서 5파운드, 그리고 성경지식연구원의 활동을 위해서 5파운드를 더 주었다. 그 형제는 내가 고아원을 비웠을 때 두 차례나 나를 만나러 찾아왔었단다. 시간이 조금만 어긋났어도 그를 만나지 못했을 것이다. 하지만 주님은 우리의 필요를 알고 계셔서 그를 만나게 하신 것이다. 나는 즉시 5파운드를 고아원 담당자들에게 보냈다.

조지 뮬러는 하나님의 성실하심을 계속 입증했다. 일기를 읽어보면 하나님이 공급해주시는 능력을 그가 확신했다는 사실을 알게 된다.

1840년 9월 21일 월요일. 어제 도착한 것까지 포함하니 고아들을 위해서 확보하고 있는 것에 오늘 필요한 것들은 전혀 부족하지 않았고, 내일도 걱정할 필요가 없을 것 같다. 런던 인근에 사는 한 형제가 가장 시급한 일에 사용하도록 10파운드를 주었다. 우리는 학교의 운영과 성경 배부, 그리고 선교사를 위한 기금을 위해서 오랫동안 기도했기 때문에 그 모든 일을 위해 그 돈을 받았다. 이 형제는 사흘 전에 브리스톨에 도착할 때까지만 해도 우리의 사역에 대해서 전혀 알지 못했다. 주님은 여전히 우리를 돌보고 계시다는 것을 보여주려고 새로운 도움의 손길을 그렇게 보내신 것이다. 주님을 의지하는 이들은 수치를 당하는 법이 결코 없다! "그들이 주께 부르짖어 구원을 얻고 주께 의뢰하여 수치를 당하지 아니하였나이다"(시 22:5).

잠시 도움을 주고 우리 주 예수님 안에서 잠들 수 있는 이들(고전 15:20), 주님을 섬기는 일에 관심을 잃은 이들(마 24:12), 그리고 기꺼이 돕고 싶은 마음과 돕는 일에 인색한 마음을 함께 갖고 있는 이들이 있을 수 있지만, 그들은 자신들의 소유를 다른 방식으로 나누어주는 게 주님의 뜻임을 알게 될 것이다. 따라서 이런저런 이유로 사람을 의지하면 반드시 수치를 당하지만 살아 있는 하나님만 의지하면 죽음 때문에, 물질이나 사랑이 부족하기 때문에, 혹은 다른 사역에 대한 주장 때문에 낙심하거나 단념하지 않는다. 세상에서 주님과 함께 홀로 서 있지만 즐거워하고 올바로 걸으면 반드시 좋은 일이 그치지 않는다는 사실을 아는 게 정말 중요하다! "여호와 하나님은 해요 방패이시라. 여호와께서 은혜와 영화를 주시며 정직하게 행하는 자에게 좋은 것을 아끼지 아니하실 것임이니이다"(시 84:11).

# 영적 축복을 비는 기도

1841년 한 해 동안 기도를 통해 하나님의 놀라운 응답을 받은 것을 돌아보면서 조지 뮬러는 이런 기록을 남겼다.

올해 나는 평생 주님을 섬기면서 알게 된 가장 흉악한 죄인 가운데 한 명이 회심했다는 소식을 들었다. 나는 그 사람의 부인과 함께 거듭 무릎을 꿇고서 그가 회심할 수 있게 해달라고 주님께 간구했다. 사내는 말할 수 없을 만큼 야만스럽고 잔인하게 행동했기에 그녀는 말할 수 없는 고통 속에서 나를 찾아왔다. 남편은 그녀에게 상당한 적개심을 품고 있었다. 그녀가 주님께 헌신했다는 것, 그리고 그녀로 하여금 주님에 대해서 나쁜 감정을 갖게 만들 수 없다는 게 그 이유였다. 그녀에 대한 사내의 행동이 최악으로 치달을 때 나는 특히 그를 위해서 마태복음 18장 19절의 약속에 호소했다. "진실로 다시 너희에게 이르노니 너희 중의 두 사람이 땅에서 합심하여 무엇이든지 구하면 하늘에 계신 내 아버지께서 그들을 위하여 이루게 하시리라." 그러자 이 엄청난 박해자가 회심하게 되었다!

뮬러는 같은 해에 응답받은 또 다른 기도의 내용을 이렇게 소개했다.

5월 25일. 브리스톨에서 섬기는 성도들 사이에 어느 때보다 커다란 영적 부흥이 일어나게 해달라고 주님께 기도했다. 나는 지금 주님을 찬양하면서 그분이 이 요구에 응답하신 내용을 기록하고 있다. 모든 내용을 검토하더라도 내가 신문기사를 작성하고 있는 지금 (1845년)보다 은혜와 진리와 영적 능력이 우리 가운데 이렇게 크게 나타난 적이 없기 때문이다. 그것은 우리의 능력으로 해낼 수 있는 게 아니다(빌 3:13-14). 그것은 우리와 전혀 무관하다. 하지만 주님은 우리에게 말할 수 없는 자비를 베풀어주셨고, 그래서 우리는 정말 감사하지 않을 수 없다.

또한 다음의 기록을 통해 뮬러와 동역자들이 믿음을 갖고 인내하면서 어떻게 시험을 감당했는지 알 수 있다.

1841년 12월 9일. 목이 긴 양말을 판매한 대금 10파운드 10실링이 고아들을 위해서 입금되었다. 지금 우리는 이 사역을 해온 지 6년째 되는 해를 마무리하고 있지만 집세를 지불하려고 남겨둔 돈이 전부이다. 우리는 올해 내내 필요한 모든 것을 풍성하게 공급받았다.

우리는 과거 3년간 이날이 돌아오면 회계보고를 마감했다. 우리는 며칠 뒤에 후원자 모임을 가졌고, 참석자들로부터 도움을 받기위해서 주님이 한 해 동안 도와주신 과정을 소개했다. 이 모임에서 소개한 내용 가운데 중요한 것은 대개 교회의 편의를 위해서 나중에 문서로 제작했다.

그렇지만 이때는 잠시 그런 보고를 뒤로 미루어두는 게 좋을 것 같았다. 우리는 은총에 힘입어서 주님만 의지하는 법을 익혔으니 주님이 자신만 의지하도록 우리에게 허락하시면 이 사역에 관해서 말하거나 글로 쓰지 않아도 여전히 수입이 끊어지지 않으리라고 확신했다. 우리는 부족한 것들을 소문내기 위해서 후원자 모임을 개최하지 않았다. 보고서를 읽는 이들의 마음을 움직이려고 주님이 행하신 일을 출판해서 기부하도록 유도하지도 않았다. 우리의 경험이 다른 성도들에게 도움이 되도록 모임을 개최했을 뿐이다.

하지만 일부에게는 우리의 상황을 알리는 게 자기 이익을 도모하는 것처럼 비쳐졌을 수도 있다. 그렇다면 경제적으로 어려운 처지를 알릴 수 있는 기회를 잡게 된 것을 환영하기보다 입을 다물고 얼마를 더 침묵하면서, 후원자 모임이나 인쇄된 보고서가 아닌 살아계신 하나님만 의지하고 있음을 보여줄 수 있는 더 좋은 증거는 무엇일까?

그래서 우리는 전체적으로 성도들의 유익을 위해서 이 작업을 했고, 여전히 계속하고 있기에 후원자 모임이나 회계보고의 출판을 몇 달 뒤로 연기하기로 결정했다. 육적으로는 그 시기에 경제적인 어려움이 알려지는 것을 누구 못지않게 반겼겠지만, 영적으로는 평소처럼 하나님을 의지하면 교회로부터의 도움이 전체적으로 늘어날 것이라고 기대하면서 기뻐할 수 있었다.

1841년의 상황을 돌아보며 뮬러는 자신의 일기와 자서전에 계속해서 이런 기록을 남겼다.

12월 18일 토요일 아침. 지금 어느 때보다 어렵고, 손에는 집에 있는 상자에서 찾아낸 4실링이 고작이다. 하지만 주님이 오늘 필요한 모든 것을 채워주실 것을 결코 의심하지 않는다.

나의 자서전 「일화」를 읽는 사람은 잠시 다음의 두 가지 문제를 검토해야 한다. 우리는 대중 집회와 보고서의 출판을 보류하면서 하나님을 위해 봉사하지만 하나님의 방식은 늘 시련으로 이어진다는 사실을 눈으로 보고 몸으로 느낄 수 있다. 자연법칙은 늘 하나님의 방식을 따르기 마련이다. 주님은 우리가 겪는 가난을 통해서 말씀하셨다. "이제 나는 너희가 나를 진심으로 의지하는지, 그리고 진심으로 나를 기대하는지 눈여겨 볼 것이다." 이런 방식으로 살아온 지난 세월 가운데 1841년 12월 12일부터 1842년 4월에 이르는 네 달만큼 내 믿음이 철저하게 시험을 거친 때는 없었다.

하지만 계속해서 살펴보자. 우리는 그 당시에도 대중 집회와 보고서를 출판하는 것에 관해서 생각을 바꿀 수도 있었다. 이때 일정을 지연하기로 결정한 것을 누구도 알지 못했기 때문이다. 반대로 우리는 하나님의 여러 자녀들이 더 많은 최신 정보를 기대하고 있다는 사실을 몰랐다. 그렇지만 주님은 그분의 인도하심을 따라서 내린 결정을 변경하지 않게 하셨다.

## 하나님은 성실하시다

삶과 사역에서 하나님을 영화롭게 하는 것에 늘 관심을 갖고 있던 뮬러는 1842년 1월 25일에 이런 기록을 남겼다.

사랑하는 독자 여러분은 여기까지 글을 읽기 전에는 이렇게 생각했을지 모른다. '고아들을 위한 기금이 바닥나고, 그래서 사역에 참여하는 이들이 아무것도 해줄 수 없다면 어떻게 할까? 식사시간이 되었는데 어린이들을 먹일 음식이 없다면 어찌 해야 할까?'

실제로 일어날 수 있는 일이다. 우리 마음이 "심히 부패했기" 때문이다(렘 17:9). 우리가 더 이상 살아계신 하나님을 의지하지 않거나 마음속에 범죄의 여지를 남겨둠으로써 스스로를 방치하게 되면(시 66:18) 그런 수준의 일이 벌어진다고 믿을 만한 근거를 갖고 있다. 그렇지만 우리가 살아계신 하나님을 신뢰할 수 있다면, 그리고 모든 면에서 우리가 마땅히 갖추어야 할 수준에는 도달하지 못하더라도 적어도 삶 속에서 죄를 멀리한다면 그런 수준의 일은 불가능하다.

그러므로 존경하는 독자 여러분이 만일 하나님과 동행하고, 그리고 그 때문에 하나님의 영광이 소중하다면 그분에게 도움을 요청하기를 애정과 진심을 담아서 부탁한다. 공공연히 하나님 안에서 자랑하고 그분을 자주 거론해 온 우리가 힘겨운 순간에 불신하거나 다른 문제 때문에 죄악의 삶을 산다면 그분의 이름이 얼마나 심각하게 훼손되겠는가!

> 뮬러는 실제로 구체적인 확신을 가지고 있지는 않아도 기도에 대한 응답이 이루어지고 있다고 믿음으로 확신할 때가 많았다.

1842년 3월 9일. 주간학교와 고아원이 한꺼번에 더할 수 없는 어려움을 겪을 때 도움을 받지 않고는 조금도 버티지 못할 지경이 되자, 오늘 더블린에 살고 있는 어느 형제가 10파운드를 보내주었다. 그 돈은 주간학교와 고아원에 동일하게 분배했다. 이런 기부금과 관련해서 다음에 소개하는 사건에 주목해야 한다.

우리가 몹시 어려워도 내 영혼이 은총에 힘입어서 진정으로 주님을 기다리고 있었기 때문에 오전 내내 부족한 게 채워지는지 지켜보았다. 그러나 우편물이 전달되었지만 음식은 당도하지 않았다. 나는 이것 때문에 전혀 낙심하지 않았다. 나는 스스로에게 말했다. "주님은 집배원을 빌지 않고서도 방법을 일러주실 것이다. 비록 지금 우편배달부를 통해서 우편물이 도착했지만 하나님은 답변을 보내주실 것이다. 돈이 아직 내 수중에 주어지지는 않았어도 말이다." 이렇게 속으로 생각하자 얼마 지나지 않아서 하나님에 대한 나의 희망처럼 도움을 받게 되었다. 우리에게 10파운드를 보내준 형제가 이번에는 소년들이 수용된 고아원으로 곧장 편지를 보내왔다. 고아원에서 내게 편지를 전해주었다.

뮬러는 하늘에 계신 하나님 아버지께서 자녀들의 필요를 성실하게 채워주신다고 생각했다.

3월 17일. 3월 12일부터 3월 16일 사이에 4파운드 5실링 11.5페니가 고아원에 전달되었다. 오늘 아침 이제 대략 7개월 정도 지속되어 온 우리의 어려움이 지나칠 정도로 과도해졌다. 나는 7시가 지나자마자 고아원으로 향했다. 8시 무렵에 우유를 구입할 수 있을 만큼 돈이 있는지 확인하기 위함이었다. 길을 가다가 주님께 "아버지가 자식을 긍휼히 여김같이"(시 103:13) 긍휼을 베풀어달라고, 그리고 하나님은 우리가 감당할 수 있는 것보다 더 많은 것을 허락하지 않으신다는 사실을 따로 말씀드렸다. "사람이 감당할 시험밖에는 너희가 당한 것이 없나니 오직 하나님은 미쁘사 너희가 감당하지 못할 시험 당함을 허락하지 아니하시고 시험 당할 즈음에 또한 피할 길을 내사 너희로 능히 감당하게 하시느니라"(고전 10:13).
　나는 특별히 하나님께 이제는 도움의 손길을 보내주셔서 우리의 마음을 새롭게 해달라고 기도했다. 그리고 우리가 만일 수입이 없어서 사역을 포기하면 신자나 불신자 모두와 관련해서 빚어지게 될 결과와 함께 그 사역 자체의 존립이 불가능할 정도로 용납해서는 안 된다는 내용을 말씀드렸다. 아울러 주님이 이 사역에 나를 더 이상 계속해서 사용할 자격이 없다고 거듭해서 고백했다.

고아원을 나서면서 약 2분 정도 그렇게 기도하며 걷다가 이른 시간에 출근하는 한 형제를 만났다. 몇 마디 인사를 나누고 길을 가는데 얼마 지나지 않아서 그가 달려와 고아를 위해 써달라고 1파운드를 맡겼다. 주님은 이처럼 신속하게 내 기도에 응답하셨다. 자비하신 아버지가 우리와 관계된 모든 일에 관심을 갖고 있다는 아주 소중한 사랑의 증거를 하루도 거르지 않고 누리기 위해서는 진정으로 가난해지고, 그리고 믿음을 갖고 크게 시도해 볼 필요가 있다. 그러면 우리 아버지께서 어떻게 다른 행동을 하시겠는가? 자신의 아들까지 우리에게 주실 정도로 더 이상 불가능한 사랑의 증거를 허락하신 그분은 분명히 "모든 것을 우리에게 은사로" 주실 것이다(롬 8:32).

사람의 약속을 따르고 싶다는 유혹을 받던 조지 뮬러는 전적으로 하나님을 신뢰할 때 주어지는 평안을 발견하게 되었다. 그의 기록을 살펴보자.

1845년 5월 6일. 6주 전에 상당한 수입을 기대하는 어느 형제로부터 그 일이 성사되면 일정액을 주님께 바치겠다는 연락이 왔다.

그 가운데 100파운드는 내가 맡고 있는 사역과 크레익 형제의 사역, 그리고 내 개인적인 비용으로 사용할 수 있다는 것이었다. 그렇지만 여러 날이 흘러도 기부금은 도착하지 않았다. 나는 이 돈을 신뢰하지 않았지만 우리가 평소처럼 다소 어렵다 보니 이 형제의 약속이 거듭해서 떠올랐다. 그렇지만 나는 하나님이 내려주신 은총 덕분에 약속했던 그 형제보다 주님을 더 신뢰했다. 몇 주가 지났지만 기부금은 여전히 도착하지 않았다.

오늘 아침에 어떤 의미에서 그런 약속은 전혀 무의미하다는 생각을 하게 되었다. 즉 한순간이라도 그것보다 살아계신 하나님을, 또 오직 살아계신 하나님만 의지하는 게 마땅하다. 그런 약속은 어떤 식으로든지 가치를 부여하고 도움을 기대하면 안 된다는 사실을 알게 되었다. 그래서 나는 평상시처럼 사랑하는 아내와 함께 나의 사역을 놓고 주님께 기도하면서 약속과 관계된 이 모든 문제를 가져가시고 조금도 의미를 부여하지 않게 해달라고 간구했다. 그것에 일체 의미를 부여하지 않으면서 오직 하나님만 계속 바라볼 수 있도록 기도했다. 나의 기도는 응답되었다. 우리가 기도하는 동안에 이런 편지가 도착했다.

사랑하는 형제님에게
형제님은 지금도 런던에 있는 은행과 거래하는 브리스톨 지역의 은행을 이용하시는지요? 이것에 대해서 알려주십시오. 그게 사실이라면 런던의 은행을 통해서 브리스톨의 은행으로 형제님에게 70파운드를 송금할 예정이라는 소식을 전합니다. 이 금액은 주님이 지혜를 주시는 대로 사용해주십시오. 소식을 듣기 전까지는 런던의 은행에서 송금하지 않도록 하겠습니다. 이만 줄입니다.

1845년 5월 5일

주님은 이처럼 한 형제와의 약속에 별다른 의미를 부여하지 않고서 하나님만 기대하기로 결심하자 즉시 응답하셨다. 그런데 이것으로 끝나지 않았다. 오늘 오후 2시경에 한 형제가 40일 전에 약속했던 대로 166파운드 18실링을 보내왔다. 그 형제는 믿음으로 헌금을 약속한 덕분에 오늘 수금하게 되었다고 한다. 이 금액 가운데 100파운드는 내가 맡고 있는 사역에 사용하고 나머지는 크레익 형제와 내 개인적인 비용으로 사용할 예정이다.

## 하나님이 주신 믿음

뮬러는 자신의 믿음을 사람들이 특별한 것처럼 생각하지 않도록 1842년에 이런 기록을 남겼다.

하나님의 모든 자녀가 이 글을 읽고서 어떤 상황에서도 하나님을 계속해서, 그리고 보다 단순하게 신뢰해서 필요한 모든 것을 얻을 수 있으면 좋겠다. 내가 경험한 여러 가지 기도 응답에 자극받아서 특히 동료와 친척의 회심, 은총과 지식의 성장, 개인적으로 알고 있는 성도들의 영적 상태, 하나님 교회의 전반적인 영적 상태, 그리고 성공적인 복음 전파를 위해서 기도할 수 있는 용기를 얻게 될 것이라고 확신한다. 사탄의 계략에 휩쓸려서 이런 일들이 내게만 가능하고 하나님의 모든 자녀가 누릴 수 없다고 생각해서는 안 된다고 사랑하는 마음으로 경고해둔다. "그러므로 사랑하는 자들아 너희가 이것을 미리 알았은즉 무법한 자들의 미혹에 이끌려 너희가 굳센 데서 떨어질까 삼가라"(벧후 3:17).

앞에서 설명했듯이 모든 성도가 고아원이나 자선학교를 설립하고서 이런 기관들의 후원을 받으려고 주님을 신뢰하는 것은 아니지만, 성도들이라면 누구나 단순하게 확신하는 믿음을 통해서 자신의 모든 짐을 그분께 맡기라는 요구를 받게 된다. "네 짐을 여호와께 맡기라. 그가 너를 붙드시고 의인의 요동함을 영원히 허락하지 아니하시리로다"(시 55:22). 성도들은 무슨 문제든지 그분을 신뢰해야 하고(시 37:5, 잠 3:5), 기도 제목으로 삼아야 할뿐 아니라 주님의 뜻에 따라서, 그리고 주 예수의 이름에 근거한 간구의 응답을 기대해야 한다. "너희가 기도할 때에 무엇이든지 믿고 구하는 것은 다 받으리라 하시니라"(마 21:22). "그러나 나는 이제라도 주께서 무엇이든지 하나님께 구하시는 것을 하나님이 주실 줄을 아나이다"(요 11:22).

사랑하는 독자들은 내가 믿음의 은사, 즉 고린도전서 12장에 기록된 "병 고치는 은사"(9절), "능력 행하는 은사"(10절), 그리고 "예언하는 은사"(10절)와 함께 소개된 은사를 가지고 있고, 그래서 주님을 신뢰할 수 있다고 생각해서는 안 된다. 실제로 내가 행사할 수 있는 믿음은 철저히 하나님의 선물이다. 실제로 그분만이 도울 수 있고 그분만이 성장시킬 수 있다. 실제로 나는 매 순간 그분을 의지하고 있으며 한순간이라도 마음을 놓으면 나의 믿음은 완전히 무너질 수밖에 없다. 하지만 내 믿음이 고린도전서 12장 9절에 소개된 믿음의 은사라는 것은 사실과 다르다. 그것의 근거는 다음과 같다.

첫째, 고아원과 나 자신의 일시적인 필요를 해결하는 데 활용하는 믿음은 고린도전서 13장 2절에 언급된 그런 믿음이 아니다(물론 고린도전서 12장 9절에서 거론하는 믿음을 시사하고 있지만). "산을 옮길 만한 모든 믿음이 있을지라도 사랑이 없으면 내가 아무것도 아니요." 하지만 그 믿음은 모든 성도에게서 접하는 것과 동일할 뿐더러 내가 그리스도인으로서 생활하는 동안에 조금씩 성장했기 때문에 내적으로는 무엇보다 그것의 성숙에 관심이 있다.

둘째, 고아원과 나 자신의 일시적인 필요를 해결하는 데 활용하는 이 믿음은 변함없는 수준을 유지하고 있다. 예를 들면 주님을 구세주로 영접하고 나서 내 죄를 용서받은 것, 내가 하나님의 자녀이고 하나님의 사랑을 받고 있다는 것, 그리고 나는 최후에 구원받을 존재라는 것을 추호도 의심하지 않았다. 이는 하나님의 은총 덕분에 내가 하나님의 말씀에 근거해서 믿음을 활용하고, 이런 내용을 거론하는 구절에 소개된 하나님의 말씀을 신뢰하게 되었기 때문이다(요일 5:1, 갈 3:26, 행 10:43, 롬 10:9-10, 요 3:16).

게다가 성도들의 도움을 받는 나의 사역이 겉으로 보기에 이따금 모든 게 더 없이 암울할 때, 문제의 "외모만"(고후 10:7) 바라보고서 슬픔과 절망에 사로잡힐 때마다 나는 하나님의 강력한 능력, 변함없는 사랑, 그리고 무한한 지혜를 굳게 믿고 하나님 안에서 위로를 찾으려고 애썼다. 나는 이렇게 스스로 다짐하곤 했다. "하나님은 내게 유익하다면 기꺼이 나를 구원할 수 있는 능력이 있고 성경에도 그렇게 기록되어 있다. '자기 아들을 아끼지 아니하시고 우리 모든 사람을 위하여 내주신 이가 어찌 그 아들과 함께 모든 것을 우리에게 주시지 아니하겠느냐'(롬 8:32)." 하나님의 은총을 받아서 이 언약을 믿으면 내 영혼은 평안해졌다.

그리고 고아원과 주간학교와 관련해서 넉넉한 재정으로도 감당할 수 없을 만큼 어려움이 닥쳤을 때, 고아들이 제대로 먹지 못하고 몇 가지 측면에서 학대당하고 있다는 식의 거짓 소문이 퍼졌을 때, 그리고 이 사역과 관련해서 내가 입에 담을 수 없을 정도의 어려움이 또 다시 닥쳤지만 브리스톨과 아주 멀리 떨어진 곳에서 홀로 시간을 보내야 했을 때 내 영혼은 하나님을 의지했다. 나는 그분이 약속하신 말씀을 믿었기에 그것을 그와 같은 상황에 적용할 수 있었다. 하나님 앞에 내 영혼을 쏟아붓고서 안심한 채 자리를 떠났다. 믿음의 기도를 통해서 내가 겪는 시련을 하나님께 맡겼기 때문에 계속 평안을 누리게 되었다. 멀리 떨어져 있는 게 하나님의 뜻이라는 것을 알았을 때도 마찬가지였다. 아울러 고아들과 주간학교를 위해서 주택이나 동료 사역자들이 필요할 때도 주님께 모든 것을 구하고 신뢰하면서 도움을 받았다.

사랑하는 독자들에게는 자랑처럼 들릴지는 모르지만 나는 하나님의 은총에 따라서 내가 사역하는 방법을 소개하는 것뿐이다. 내가 하나님을 신뢰하게 되었고, 그분의 신뢰를 잃지 않게 된 것에 대해서 진심으로 그분께 영광을 돌린다. 하지만 내가 다른 성도들은 상상할 수도 없는 특별한 은사를 받아서 하나님을 의지한다고 생각하는 사람이 생기지 않도록, 그리고 기도나 믿음을 빌어서 돈을 얻어낼 목적으로 그분을 의지한다고 여기는 일이 없도록 이것에 대해서 언급할 필요가 있다고 생각했다.

나는 하나님의 은총을 통해서 그분에 대한 나의 믿음이 나 자신의 영육간의 관심사 가운데 가장 사소한 부분까지, 가족과 내가 섬기는 성도들과 교회 전체의 영육간의 관심사 가운데 가장 사소한 부분까지, 성경지식연구원의 영육간의 부흥과 관계된 모든 것에 이르기까지 낱낱이 확장되었으면 좋겠다. 사랑하는 독자들은 내가 능력껏, 그리고 마땅히 도달해야 할 수준의 믿음을 성취했다고 생각해서는 안 된다. 오히려 나는 하나님이 믿음을 허락하신 것에 감사한다.

믿음이 유지되고 계속해서 성장할 수 있도록 기도를 부탁한다.

끝으로 여러분이 나와 똑같은 수준의 믿음을 소유할 수 있지만 비슷한 처지에 있는 이들에게만 해당될 뿐이라고 생각하게 만드는 사탄의 계략에 넘어가면 안 된다는 사실을 다시 한번 일러둔다. 나는 열쇠 같은 물건을 잃어버리면 그것의 위치를 알려달라고 주님께 기도하고 응답을 기다린다. 약속한 사람이 정해진 시간에 당도하지 않으면 초조해져서 발걸음을 재촉해달라고 주님께 간구하고 응답을 기다린다. 하나님의 말씀 가운데 이해되지 않는 부분이 있으면 주님께 마음을 열고 성령님을 통해서 깨우쳐 달라고 기도하고서 가르침을 기다린다.

이때는 하나님의 응답이 전달되는 시기와 방법을 정하지 않는다. 말씀을 전할 때는 주님의 도움을 구하고, 나의 부정할 수 없는 모자람과 무능력을 의식하면서 그분의 사역을 시작하되 낙심하지 않고 기뻐한다. 그분의 도움을 기대하기 때문이다. 하나님은 사랑하는 아들 예수님 때문에 나를 도와주실 것이라고 확신한다. 그리고 이와 같이 나의 모든 영육간의 관심사에 대해서 주님께 기도하고 간구에 응답해주시기를 기대한다.

사랑하는 독자 여러분도 이와 같이 할 수 있지 않을까? 내가 특별한 존재라서 하나님이 사랑하는 자녀들에게는 없는 대단한 특권을 소유하고 있다고 생각하지 않았으면 좋겠다. 내가 사역하는 방식이 다른 성도들에게 불가능하다고 간주해서는 안 된다. 여러분도 시도해보라! 시련의 순간이 닥치면 아무 말 없이 서 있으라. 여러분이 하나님을 신뢰하고 있다면 그분의 도우심을 목격하게 될 것이다.

그렇지만 시련을 겪을 때는 가끔 주님의 방식을 포기하기도 하는데, 그 때문에 우리의 신앙이 성장하는 데 도움이 되는 믿음의 양식이 힘을 쓰지 못하게 된다. 다음의 중요한 문제도 이것과 무관하지 않다. 여러분은 이렇게 묻는다. "성실한 신자인 나는 어떻게 믿음을 성장시켜야 할까?" 대답은 이렇다. "온갖 좋은 은사와 온전한 선물이 다 위로부터 빛들의 아버지께로부터 내려오나니 그는 변함도 없으시고 회전하는 그림자도 없으시니라"(약 1:17). 믿음의 성장은 좋은 은사이기 때문에 당연히 하나님에게서 온다. 따라서 우리가 이 축복을 구하는 게 마땅하다. 그렇지만 반드시 다음의 방법을 활용해야 한다.

첫째, 하나님의 말씀을 조심스럽게 읽고 묵상해야 한다. 그리스도인은 하나님의 말씀을 읽음으로써, 그리고 특히 하나님의 말씀을 묵상함으로써 하나님의 본성과 성품을 더 잘 알게 된다. 따라서 하나님의 거룩함과 공의를 비롯해서 그분이 얼마나 관대하고 사랑스럽고 은혜롭고 자비롭고 강하고 지혜롭고 성실한지 점점 더 목격하게 된다. 그러므로 가난하거나 몸이 불편하거나 가족과 사별하거나 직장을 잃으면 하나님의 능력에 의지해서 도움을 구하게 된다.

하나님의 말씀을 통해서 그분에게는 강한 힘과 무한한 지혜가 있음을 알게 되었을 뿐 아니라 자신의 백성을 돕고 구원하시려고 그것들을 실제로 행사하신 사례를 성경에서 확인했기 때문이다. 성경을 통해서 하나님이 얼마나 관대하고 선하고 은혜롭고 성실한지 알게 되었을 뿐 아니라 하나님의 말씀 속에서 하나님이 얼마나 그런 분이신지 직접 입증한 다양한 사례들을 목격했기 때문이다. 그리고 하나님이 기도와 말씀의 묵상을 통해서 일깨워주신다면 적어도 전체적으로는 그분을 의지하기로 확신하는 수준에 도달할 것이다. 그러니 하나님의 말씀을 읽고 묵상하는 것은 우리의 믿음을 성장시키는 특별한 수단이 될 수 있다.

둘째, 성령의 모든 은혜와 관련해서 올바른 마음과 선한 양심을 유지하기 위해서 노력하는 게 무엇보다 중요하다. 따라서 우리는 하나님의 마음과 어긋난 것들을 의도적으로나 습관적으로 탐닉해서는 안 된다. 특히 믿음의 성장과 관련된 사례가 그렇다. 습관적으로 하나님을 슬프게 하고, 때만 되면 신뢰하고 의지한다고 고백하면서도 영광을 가린다면 어떻게 하나님을 의지하고 계속해서 간구할 수 있겠는가? 양심이 죄에 물들고, 이런 양심의 가책을 없애려고 노력하지 않고, 하나님의 마음과 어긋난 행동을 계속한다면 시련이 닥치는 순간에 하나님에 대한 모든 확신과 신뢰는 사라지고 말 것이다.

그리고 어떤 경우에라도 양심의 가책을 받아서 하나님을 신뢰하지 못하면 불신의 순간에 믿음이 약해진다. 매번 시련을 겪을 때마다 하나님을 신뢰하게 되면 믿음이 성장해서 그분의 도움을 받게 되지만, 불신하게 되면 믿음은 쇠퇴한다. 그러면 하나님을 단순하게,

그리고 직접적으로 바라보는 능력이 점점 줄어들고, 자신을 의지하는 습관이 생겨나고 조장된다. 어떤 경우에라도 이 두 가지 가운데 어느 한 쪽을 선택하게 될 것이다. 하나님을 신뢰하고 우리 자신과 동료, 혹은 다른 어떤 상황과 그 밖의 것들을 신뢰하거나 아니면 그것들 가운데 어느 하나, 혹은 그 이상을 신뢰하고 하나님을 신뢰하지 않는 것이다.

셋째, 믿음이 성장하는 것을 바란다면 믿음이 시험받는 순간을 회피하면 안 된다. 믿음은 시련을 통해서 성장한다. 본성적으로 우리는 하나님과 단독으로 교제하기를 반기지 않는다. 하나님으로부터 소외되려는 본래의 성향 때문에 우리는 그분을, 그리고 영원한 실재를 회피하게 된다. 이런 성향은 중생 이후에도 한동안 사라지지 않는다. 따라서 성도들의 경우에도 홀로 하나님과 마주서고 그분만 의지하고, 혹은 그분만 바라보는 것을 어느 정도 회피할 수 있다. 그렇지만 믿음이 성장하기를 바라고 있다면 바로 이곳에 머물러야 한다.

내 몸과 가족과 주님을 위한 사역이나 사업과 관련해서 믿음이 시험을 받게 되는 입장에 있으면 있을수록 하나님의 도움과 구원을 목격할 수 있는 더 많은 기회를 갖게 될 것이다. 하나님이 도와주고 구원하시는 일을 겪을 때마다 믿음은 성장한다. 그러므로 이런 이유 때문에 신자라면 믿음이 시험받게 되는 상황이나 입장, 혹은 그런 처지를 회피하면 안 된다. 오히려 그것들을 하나님의 도움과 구원의 손길로 기쁘게 받아들여야 하고, 그것을 통해서 믿음이 성장하게 될 것이다.

믿음의 성장에 관한 마지막 교훈은 믿음이 시험을 받는 순간이 닥치면 하나님이 우리를 위해서 일하시도록 어떤 노력도 하면 안 된다는 것이다. 하나님이 시험을 허락하실 때는 다른 어떤 이유보다 믿음이 성장하게 하기 위함이다.

하나님은 우리의 믿음이 연약하더라도 시험하시지만 물론 예외는 있다. 모든 면에서 하나님은 부드럽고 점진적으로, 그리고 인내하면서 우리를 인도하신다. 이것은 믿음의 시험과 관련해서도 마찬가지다. 우리가 처음 겪는 믿음의 시험은 나중의 것과 비교하면 그리 대단하지 않을 수 있다. 하나님은 감당할 수 있는 수준을 넘기는 법이 절대로 없기 때문이다. "사람이 감당할 시험 밖에는 너희가 당한 것이 없나니 오직 하나님은 미쁘사 너희가 감당하지 못할 시험 당함을 허락하지 아니하시고 시험 당할 즈음에 또한 피할 길을 내사 너희로 능히 감당하게 하시느니라"(고전 10:13).

그런데 우리는 믿음의 시험이 닥치면 자연스럽게 하나님을 의지하는 대신에 우리 자신이나 친구, 혹은 상황을 신뢰하는 경향이 있다. 우리는 오직 하나님을 바라보면서 도움을 기다리기보다 어떻게든 자신의 힘으로 모면하고 싶어 한다. 그렇지만 우리가 인내하면서 하나님의 도움을 기다리지 않으면 다음번 시험에서도 결과는 다르지 않을 것이다. 즉 우리는 또다시 직접 벗어나려고 노력하게 될 것이다. 이런 일이 반복될 때마다 우리의 믿음은 약화되고 만다.

반면 우리가 "여호와가 구원하는 것"(대하 20:17)을 본다면, 우리에게 내미는 그분의 손길을 본다면, 그리고 오직 그분만 의지한다면 우리의 믿음은 성장하게 될 것이다. 믿음이 시험받는 순간에 우리에게 내미는 하나님의 손길을 접할 때마다 우리의 믿음은 한층 더 성장하게 될 것이다. 그러므로 성도가 성숙한 믿음을 갖고 싶다면 특별히 하나님께 시간적으로 여유를 드려야 한다. 하나님은 적당한 때가 되면 궁극적으로 얼마나 자신의 자녀를 도와주고 구원하고 싶어 하는지 보여주려고 믿음을 시험하신다.

## 중대한 위기와 소중한 도움

성경지식연구원이 설립되고 얼마 지나지 않아서 뮬러와 동료들은 다음의 사례에서 확인할 수 있는 것처럼 아주 심각한 시련을 겪어야 했다. 이 시기에 기록된 글에서 조지 뮬러는 이렇게 소개했다.

현재까지(1845년 7월) 대략 7년 동안 우리의 기금이 바닥나는 바람에 사흘간 연속적으로 1백 명 이상의 사람들에게 먹을 것을 챙겨 주지 못한 드문 일도 있었지만, 영적으로 시험을 받은 것은 단 한 번

밖에 없었다.

1838년 9월 18일의 일이었다. 처음으로 주님은 우리의 기도에
관심을 보이지 않으셨다. 하지만 나는 그분의 도우심을 보고서 그것
이 우리의 믿음을 시험하기 위함이었고, 그분이 우리의 사역을 잊은
바람에 그런 어려움을 겪게 한 게 아니라는 사실을 깨닫게 되었다.
나의 영혼은 큰 힘과 용기를 얻었다. 덕분에 그때 이후로는 주님을
불신하지 않았을 뿐 아니라 말할 수 없이 궁핍할 때조차 낙심하지
않았다.

어느 때보다 가장 힘겨웠던 시기를 돌아보며 뮬러는 이런 기록
을 남겼다.

1838년 9월 10일 월요일 아침. 토요일과 어제까지 전혀 기부금
이 들어오지 않았다. 이제는 우리가 처한 어려움을 해결할 수 있는
몇 가지 조치를 취해야 할 것 같았다. 고아원에 가서 형제자매들(운
영기금에 관해서 전혀 알지 못하는 한 형제를 제외하고)을 한자리에
모아서 상황을 설명하고, 현재 필요한 금액이 얼마나 되는지 확인하
고 나서 이런 전반적인 믿음의 시련을 겪고 있지만 여전히 하나님이
도와주실 것을 확신하고 있으니 함께 기도하자고 말할 생각이었다.
특히 우리가 지불할 수 있는 것보다 많은 물품을 구입하면 안 된
다는 사실을 밝혀두어야 했다. 아울러 어린아이들에게는 반드시 영

양분이 있는 음식과 필요한 의복을 줄이는 일이 없도록 일러주고 싶었다. 기본적으로 어린아이들이 필요로 하는 것을 채워줄 수 없으면 즉시 돌려보내는 게 더 좋을 것 같았다. 아울러 판매하라고 기증받은 물품이 여전히 남아 있는지, 그리고 실제로 필요하지 않은 물품이 있어서 돈을 받고 팔 수 있는지 확인하려는 목적도 있었다. 이제 문제가 심각한 위기로 바뀌고 있음을 실감했다.

9시 30분 무렵에 6펜스의 기부금이 들어왔다. 누군가 기드온교회의 헌금함에 넣은 것이었다. 이 돈은 하나님이 측은히 여기시고 더 많은 액수를 보내주실 것 같은 계약금이나 징표처럼 느껴졌다. 10시경에 크레익 형제와 대화를 마치고 마음이 다시 가벼워진 상태로 돌아와 다시 한번 도움을 구하는 기도를 했다. 그때 어느 자매가 찾아와 아내에게 고아들을 위해서 써달라고 금화 2파운드를 맡겼다. 그녀는 고아원에 찾아오고 싶은 마음이 간절했지만 상당 기간을 그렇게 하지 못했다고 했다. 몇 분 뒤에 그녀가 있는 곳에 들어가자 우리의 어려움을 조금도 알지 못한 상태에서 그녀는 내게 금화 2파운드를 더 기부했다.

이처럼 주님은 더할 수 없는 자비하심으로 작은 도움의 손길을 통해서 나를 크게 격려하셨다. 몇 분 뒤에 영아 고아원을 위해서 2파운드를 보냈다. 그리고 소년 고아원에 1파운드 6페니, 소녀 고아원에는 1파운드를 보냈다.

음식을 넣어두는 벽장과 은행계좌가 가득 찼다면 뮬러가 믿음을 간직하는 게 쉬웠을지 모르지만, 시험의 순간에도 그는 하나님의 분명한 언약을 굳게 의지했다.

1838년 9월 17일. 어려움은 여전히 계속되고 있다. 이제는 날이 갈수록 점점 더 어려워져서 믿음까지 시험받고 있다. 우리로 하여금 이토록 오래 도움을 간구하게 하시는 것을 보면 주님이 지혜롭게 생각하시는 게 분명하다. 하지만 우리가 그저 기다리기만 하면 하나님이 도와주실 것으로 확신한다. 가진 게 거의 없는 고아원 직원이 찾아와서 12실링을 기부했다. 또 다른 사역자가 주머니를 모두 털어서 11실링 8페니를 기부했다. 일부는 기부를 받고, 또 일부는 수중에 지니고 있는 17실링 6페니와 함께 이 금액으로 급한 것을 지불하고 양식을 구입해서 전혀 부족한 게 없다.

오늘 저녁에는 상당한 금액이 오래 지연되고 있는 것 때문에 약간 힘들었지만 성경을 통해 위로를 받아서 기분이 아주 상쾌해졌다. 시편 34편 덕분에 믿음이 회복되어 사랑하는 동료 사역자들을 즐겁게 만나러 가서 함께 기도했다. 나는 시편을 읽어주고 거기에 담긴 소중한 언약을 소개해서 그들의 마음이 가벼워질 수 있도록 노력했다.

"내가 여호와를 항상 송축함이여 내 입술로 항상 주를 찬양하리이다. 내 영혼이 여호와를 자랑하리니 곤고한 자들이 이를 듣고 기뻐하리로다. 나와 함께 여호와를 광대하시다 하며 함께 그의 이름을 높이세. 내가 여호와께 간구하매 내게 응답하시고 내 모든 두려움에서 나를 건지셨도다. 그들이 주를 앙망하고 광채를 내었으니 그들의 얼굴은 부끄럽지 아니하리로다. 이 곤고한 자가 부르짖으매 여호와께서 들으시고 그의 모든 환난에서 구원하셨도다. 여호와의 천사가 주를 경외하는 자를 둘러 진 치고 그들을 건지시는도다. 너희는 여호와의 선하심을 맛보아 알지어다. 그에게 피하는 자는 복이 있도다. 너희 성도들아 여호와를 경외하라. 그를 경외하는 자에게는 부족함이 없도다. 젊은 사자는 궁핍하여 주릴지라도 여호와를 찾는 자는 모든 좋은 것에 부족함이 없으리로다. 너희 자녀들아 와서 내 말을 들으라. 내가 여호와를 경외하는 법을 너희에게 가르치리로다. 생명을 사모하고 연수를 사랑하여 복 받기를 원하는 사람이 누구뇨. 네 혀를 악에서 금하며 네 입술을 거짓말에서 금할지어다. 악을 버리고 선을 행하며 화평을 찾아 따를지어다. 여호와의 눈은 의인을 향하시고 그의 귀는 그들의 부르짖음에 기울이시는도다. 여호와의 얼굴은 악을 행하는 자를 향하사 그들의 자취를 땅에서 끊으려 하시는도다. 의인이 부르짖으매 여호와께서 들으시고 그들의 모든 환난에서 건지셨도다. 여호와는 마음이 상한 자를 가까이 하시고 충심으로 통회하는 자를 구원하시는도다. 의인은 고난이 많으나 여호와께서 그의 모든 고난에서 건지시는도다. 그의 모든 뼈를 보호하심이여 그중에서 하나도 꺾이지 아니하도다. 악이 악인을 죽일 것이라. 의인을 미워하는 자는 벌을 받으리로다. 여호와께서 그의 종들의 영혼을 속량하시나니 그에게 피하는 자는 다 벌을 받지 아니하리로다"(시 34편).

9월 18일. 한 형제에게는 25실링, 내게는 3실링이 전부였다. 이 1파운드 8실링으로 부족한 고기와 빵, 고아원 한 곳을 위한 차 약간, 그리고 모두를 위해서 우유를 구입할 수 있었다. 이것으로 충분하다. 이처럼 주님은 오늘은 물론 내일까지 공급해주셔서 이틀 분의 빵이 남아 있다. 그렇지만 지금 우리는 몹시 힘겨운 상황을 맞이하고 있다. 운영자금은 바닥을 드러냈다. 가진 게 거의 없는 사역자들이 지니고 있는 것을 남김없이 내놓았다. 이제는 주님이 어떻게 우리를 도와주셨는지 살펴보자.

런던 근처에 사는 어느 부인이 딸이 보낸 꾸러미와 돈을 가지고 4~5일 전에 브리스톨에 도착해서 소년 고아원 옆집에 묵고 있었다. 오늘 오후에 그녀가 직접 돈을 들고 왔다. 모두 3파운드 2실링 6페니였다. 우리는 비축해 둔 물품을 내다팔아야 할 정도로 몹시 어려웠지만 오늘 아침에 나는 주님께 그런 일을 하지 않을 수 있도록 막아달라고 기도했었다. 고아원과 아주 가까운 곳에서 며칠간 전달되지 않은 그 후원금은 하나님이 처음부터 우리를 도와주기로 작정하셨다는 분명한 증거이다. 하지만 하나님은 자신의 자녀들이 기도하는 것을 좋아하기 때문에 그 기간 동안 기도하도록 허락하신 것이다.

그뿐만이 아니라 하나님은 우리의 믿음이 시험을 받도록 허락하셔서 훨씬 더 달콤한 응답을 받게 하셨다. 그것은 정말 소중한 도움이다. 나는 그 돈을 받고 나서 혼자 남게 되자 제일 먼저 크게 찬양하고 감사를 외쳤다. 저녁에 동료 사역자들을 다시 만나서 기도하고 찬양했다. 그들의 마음도 눈에 띄게 밝아졌다. 오늘 저녁에 이 돈을 골고루 나누었으니 내일 필요한 모든 것을 넉넉하게 준비할 수 있을 것이다.

하루도 거르지 않는 성경 읽기와 기도는 조지 뮬러의 삶을
지탱하는 핵심적인 부분이었다. 몇 년이 지나지 않아서 영국 브리스톨의
애슐리 고아원에서 생활하는 수천 명의 어린이가 뮬러의 사역을 통해서
어려움을 해결할 수 있게 되었다. 조지 뮬러는 '아버지가 없는 이들의 아버지'가
여전히 자신의 자녀들을 돌보신다는 사실을 알고 있었다.
뮬러는 그것을 약속하는 하나님의 말씀을 붙들고 있었다. _보니 하비

S·E·C·T·I·O·N·2

—

# 애슐리 다운에 세워진
# 새로운 고아원들

* * * * *

1845년 10월에 윌슨 거리의 일부 주민들이 그곳에 있는 고아원 때문에 불편을 느끼고 있다고 불평하자, 이웃들을 위해서 여러 차례 기도하고 생각한 끝에 그 고아원을 다른 곳으로 이전하기로 결정했다. 뮬러는 3백 명의 고아들을 수용하는 것 외에도 밖에서 운동하고 놀 수 있는 적당한 공간을 확보하고 싶어 하나님께 이 계획을 진행하는 데 필요한 재정을 허락해달라고 기도하기 시작했다.

1846년 1월 31일. 고아원 건물 때문에 하루도 거르지 않고 하나님의 응답을 기다린 지 이제 89일이 되었다. 주님이 우리에게 약간의 땅을 허락하실 때가 거의 된 것처럼 느껴져서 고아원 운영을 위한 토요일 저녁 기도회를 마치고 나서 그 생각을 형제와 자매들에게 소개했다.

2월 1일. 가난한 어느 과부가 10실링을 보내주었다.

2월 2일. 애슐리 다운에 고아원을 건축하기에 적당하고 값싼 부지가 있다는 소식을 들었다.

2월 3일. 그 부지를 확인했다. 내가 확인한 것 가운데 가장 알맞은 곳이었다. 집안에 설치한 고아를 위한 헌금함에 누가 넣었는지 알 수 없는 금화 1파운드가 쪽지 한 장과 함께 들어 있었다. "새로운 고아원 건립에 사용해주세요."

2월 4일. 저녁에 애슐리 다운의 땅 주인을 방문했다. 2일에 들은 내용을 확인하고 싶었지만 집에 없었다. 그렇지만 사무실에 있다는 소식을 듣고서 그곳으로 갔다. 하지만 그가 직전에 떠나서 역시 그곳에서도 만나지 못했다. 한 시간 뒤에 그의 집을 다시 방문하니 하인 가운데 한 사람이 8시에는 반드시 돌아올 것이라고 알려주었다. 어느 곳에서도 땅 주인을 만나지 못한 것은 우리 주 하나님의 손길이 작용했기 때문이라고 판단하고서 찾아가지 않았다. 그래서 나는 억지로 그 일을 처리하지 않고 "인내를 온전히 이루는"(약 1:4) 것이 가장 좋은 방법이라고 생각했다.

2월 5일. 아침에 땅 주인을 만났다. 그는 오늘 새벽 3시에 갑자기 잠이 깨는 바람에 5시까지 잠을 못 잤다고 했다. 깨어 있는 동안에 계속해서 그는 고아원을 건축하고 싶다는 내 요청이 떠올라서 땅에 대한 생각을 떨쳐낼 수 없었다고 한다. 그는 내가 바라기만 하면 땅을 넘기는 것은 물론, 에이커 당 200파운드를 호가하는 땅을 이미 내가 제시했듯이 불과 120파운드에 넘겨주기로 결심했다. 하나님은 정말 선하시다! 오늘 아침에 계약을 끝마쳤고, 거의 7에이커에 달하는 대지를 에이커 당 120파운드에 구입했다. 어제 저녁에 땅 주인을 만나지 못하게 하신 하나님의 손길을 생각해보라! 하나님은 잠자던 자신의 종을 깨워서 제일 먼저 이 문제에 관해서 말씀하시고 내가 그를 만나기도 전에 완벽하게 결정을 내리게 하시려고 했다.


## 포기를 모르는 기도에 대한 보상

하나님은 성실하게 응답하시는 분이라서 조지 뮬러는 계속해서 성실하게 기도했다.


1846년 11월 19일. 현재 나는 고아원의 건축을 시작하는 데 필요한 재정을 허락해달라고 더욱더 끈질기게 기도하고 있다. 내가 그렇게 기도하는 것은 우선 첫째로 윌슨 거리의 주민들 가운데 일부가 그곳에 위치한 고아원에 대해서 불편한 감정을 갖고 있다는 것을 공개적으로 한동안 문서로 표명했기 때문이었다. 주민들의 불평은 어느 정도 근거가 있다는 데 동의한다. 그래서 고아들을 가능한 한 신속하게 다른 곳으로 이주시키고 싶은 마음이다.

둘째, 하나님의 축복으로 새로운 고아원이 건축되어서 어린이들이 마음껏 누리게 되면 신체적으로나 도덕적으로 큰 도움이 될 것이라고 더욱 확신하게 되었다.

셋째, 고아원에 들어오기 위해서 대기하고 있는 몹시 가난하고 어려운 고아들의 숫자가 너무 많고, 그리고 새로운 신청자들이 계속해서 늘어나고 있다.

그런데 나는 하나님의 은총 덕분에 그분이 생각하시는 것보다 단 하루라도 일찍 건축을 시작하고 싶은 마음이 없으며, 필요하기만 하면 동전 한 닢까지 하나님이 바라시는 순간에 주실 것을 확신하고 있지만, 그분은 열심히 간구하는 것을 좋아하시고 꾸준한 기도를 기뻐하신다는 것도 잘 알고 있다. 끊기 있게 기도하라는 그분의 교훈은 과부와 불의한 재판관의 비유에서 분명하게 확인할 수 있다(눅 18:1-8).

이런 이유 때문에 나는 어제 저녁에 하나님께 건축에 필요한 재정을 보내달라고 간절히 거듭해서 기도했다. 특별히 내가 그렇게 기도하게 된 것은 위에서 거론한 이유들 이외에도 지난 달 29일 이후로 비교적 적은 금액이 들어오고 있었기 때문이다. 오늘 아침 5시와 6시 사이에 나는 다른 문제보다 건축기금을 놓고서 또다시 기도했다.

그러고 나서 오랫동안 하나님의 말씀을 읽었다. 말씀을 읽어 내려가다가 마가복음 11장 24절에 이르렀다. "그러므로 내가 너희에게 말하노니 무엇이든지 기도하고 구하는 것은 받은 줄로 믿으라. 그리하면 너희에게 그대로 되리라." 이 구절이 담고 있는 진리의 의미를 실감하고 언급할 때가 종종 있었지만 오늘 아침에는 다시 한번 아주 각별하게 가슴에 와 닿았다. 그 구절을 건축될 고아원에 적용하면서 하나님께 이렇게 기도했다. "주님, 주님께서 이 사업에 필요한 모든 것을 공급해주시리라고 믿습니다. 나는 전혀 부족하지 않을 것이라고 확신합니다. 내가 드리는 기도가 응답될 것을 믿기 때문입니다." 덕분에 이 건축사업에 관해서 완전히 마음을 놓게 되었고, 마가복음 11장과 그 이후의 부분들을 계속해서 읽어내려 갔다.

가족들과 기도시간을 가진 다음에 나는 평소의 기도습관에 따라서 건축과 관련된 여러 가지 문제와 그에 따른 여러 가지 필요한 것들에 관해서 다시 한번 기도했고, 동료 사역자들과 성경과 소책자 배부사역, 장년학교와 주간학교에 출석하는 소중한 영혼들, 그리고 네 곳의 고아원을 축복해달라고 간구했다. 이 모든 것 가운데 나는 건축에 필요한 재정을 위해서 다시 한번 기도했다.

그러자 이런 응답을 받게 되었다. 기도를 마치고 자리에서 일어난 지 5분이 지나지 않아서 등기로 발송된 편지 한 통이 도착했다. 그 안에는 300파운드가 동봉되어 있었다. 280파운드는 건축기금에, 10파운드는 내 개인 경비에, 그리고 10파운드는 크레익 형제를 위해서 사용하도록 기부된 것이었다. 이처럼 건축을 위한 기금이 현재 6천 파운드를 넘어설 정도로 크게 격려하시는 주님의 거룩한 이름은 찬양받으시기에 합당하다!

# 응답받는 기도의 즐거움

1847년 1월 25일. 이제 건축을 시작할 수 있는 계절에 접어들고 있다. 그 때문에 나는 더욱 간절히 기도에 힘쓰면서 하나님께 우리의 건축을 허락하실 생각이라면 필요한 나머지 금액을 신속하게 보내달라고 진심으로 간구했다. 나는 요즘 주님이 고아원 건축을 착공하는 데 필요한 모든 것을 허락하실 때가 가까워지고 있다는 사실을 점점 더 실감하고 있다.

가끔 주님께 제기하던 내용들을 빠짐없이 오늘 아침에 다시 한 번 말씀드렸다. 이 건축사업을 위해서 하루하루 하나님께 간구해 온 지 이제 14개월 하고도 3주가 지났다. 나는 하나님이 건축에 필요한 재정을 보내주실 수 있는 것은 물론이고 그렇게 작정하고 계신다는 것, 그리고 지체하지 않고 그것을 처리해주실 것을 크게 확신하면서 아침기도를 끝냈다. 지금껏 나는 필요한 것은 남김없이 응답받으리라는 사실을 조금도 의심하지 않았다. 그러니 사랑하는 독자들도 나와 함께 기뻐하고 하나님을 찬양하면 좋겠다.

기도를 마치고 한 시간이 지나지 않았을 때 건축에 사용하도록 총 2천 파운드가 기부되었다. 그렇게 해서 모금된 건축기금은 모두 9,285파운드 3실링 9.5페니이다. 이 금액을 기부받을 때 하나님 안에서 내가 누린 기쁨을 설명할 길이 없다. 그것을 실감하려면 겪어봐야 한다. 앞에서 소개한 금액을 모두 확보할 때까지 447일 동안 하루도 빠짐없이 하나님을 의지해야 했다. 하나님을 신뢰하고 인내하고 기다림으로써 영혼이 누리게 되는 축복은 정말 대단하다! 재정을 확보하는 것은 물론이고, 이런 방식으로 하나님의 사역을 감당한다는 게 얼마나 소중한 일인지 확실하게 드러나지 않는가? 건축기금으로 기부받은 금액은 모두 15,784파운드 18실링 10페니였다.

## 하나님의 시간은 늘 정확하다

두 번째 고아원의 사례처럼 세 번째 고아원을 건립하면서 다양한 분야에서 필요한 협력자와 보조자들을 놓고서 매일 기도했다. 초석이 놓이기 전에 사역자를 위해서 기도하기 시작했고, 건축이 진행되는 동안에는 하루도 거르지 않고 이 문제를 주님 앞에 내려놓았다. 나는 다른 모든 일이 그랬던 것처럼 이런 특별한 문제 역시 하나님이 우리를 위해서 은혜롭게 직접 도와주실 것이라고 확신하게 되었다. 이 모든 사역이 그분의 명예와 영광을 위한 것이기 때문이다.

마침내 고아원을 개원할 때가 임박했고, 그래서 다양한 업무들을 처리하려고 이미 두 해 전부터 서면으로 제출받은 지원서를 검토해야 할 때가 다가왔다. 그런데 50명이 여러 분야에 지원했지만 어떤 곳은 선발이 불가능했다. 지원자들이 결혼했거나 아니면 검토해 보니 자격이 없었다. 이 일은 믿음에 적잖은 도전이 되었다. 나는 하루도 거르지 않고 몇 해 동안 이 특별한 문제를 놓고서 기도해왔다. 두 번째 고아원처럼 하나님의 도움을 기대했다. 그런데 분명히 도와주신다고 확신하는데도 필요한 순간에 그 일이 이루어지지 않았다면 여러분은 어떻게 할 것인가? 하나님은 성실한 분이 아니라고 비난해야 할까? 기도해도 소용이 없다고 말해야 할까? 절대 그럴 수는 없다.

오히려 나는 이렇게 행동했다. 나는 고아원 사역의 전반적인 확장과 관련해서 하나님이 베풀어주신 모든 도움에 대해서 감사했다. 작지 않은 수많은 어려움을 극복할 수 있도록 해주신 것에 감사했다. 두 번째 새로운 고아원을 위해서 협력자들을 보내주신 것을 감사했다. 세 번째 새로운 고아원을 위해서 이미 보내주신 협력자들에 대해서도 감사했다. 나는 하나님을 여전히 신뢰하면서 기도에 대한 충분한 응답이 이렇게 지연되고 있는 것을 믿음에 대한 시험으로 받아들였다.

여러 해 동안 날마다 실천해 온 것처럼 하루에 한 번씩 아내와 이 문제를 놓고 기도하는 대신 이제는 매일 세 번씩 만나서 하나님께 이 문제를 간구하기로 결심했다. 그래서 나는 이 어려움 때문에 날마다 하루에 세 번씩 하나님께 부르짖으면서 4개월 이상 계속해서 기도했고, 그 덕분에 도움이 너무 늦거나 사역이 혼란을 겪거나 어린이를 수용하는 데 어려움을 겪는 일 없이 협력자들이 한 사람씩 계속해서 도착했다. 여전히 부족한 일부 일손 역시 정말로 필요하면 확보하게 될 것으로 확신한다.

# 기도와 인내는 장애물을 제거한다

5천 파운드를 추가로 건축기금으로 확보하게 된 뮬러는 네 번째
와 다섯 번째 고아원의 설립에 필요한 부지를 매입하는 것과 관
련된 일화를 다음과 같이 소개했다.

1864년 5월 26일 이후로 기부받은 전체 금액이 현재 2만 7천
파운드를 넘어섰다. 나는 인내하면서 하나님의 때를 기다렸다. 두
개의 고아원을 건축하는 데 필요한 금액 가운데 절반이 넘어설 때
까지 아무 일도 시작하지 않기로 결심했었다. 그런데 현재 그 절반
에서 2천 파운드를 더 넘겼기 때문에 하나님과 상의한 뒤 부지를
매입하는 절차에 아주 기쁜 마음으로 착수하게 되었다.

몇 해 전부터 정말 마음에 드는 부지를 눈여겨보고 있었다. 그곳
은 세 번째 고아원이 건축되고 있는 땅과 도로를 마주하고 있었다.
그 부지는 대략 18에이커 정도이고 한쪽 구석에는 작은 주택과 헛간
이 있었다. 지금까지 나는 예수님을 위해서 이 부지에 두 개의 고아
원을 더 건축할 수 있도록 허락해달라고 하나님께 수없이 기도했다.
나는 그 부지를 바라보면서 헤아릴 수 없을 정도로 기도했다. 즉 기
도로 그 땅을 적신 것이다.

몇 해 전에 이미 그 땅을 매입할 수도 있었지만 그랬다가는 주님
을 앞질러 갈 수도 있었다. 그때는 대금을 치를 정도로 자금이 넉넉

했다. 하지만 하나님이 정해두신 때를 인내하고 순종하면서 기다리고, 그분의 때가 된 것과 내가 그분의 뜻에 따라서 행동하고 있다는 사실을 분명하고 확실하게 일러주시기를 바랐다. 외적으로 어떤 성과를 거두더라도 그것이 주님과는 전혀 무관한 나의 일이라면 축복을 기대할 수 없었다. 그런데 이제 주님의 생각이 분명하고 확실하게 밝혀졌다. 내게는 부지를 매입해서 고아원을 한 곳 더 건축할 수 있을 정도의 자금이 있었다. 따라서 나는 주님의 인도하심을 구하는 간구를 계속하면서 내가 적극적으로 행동에 나서는 게 그분의 뜻이라는 사실을 확신하게 되었다.

나는 제일 먼저 땅 주인을 대신하고 있는 부동사 중개인을 만나서 부지를 매입할 수 있는지의 여부를 확인했다. 그에게서 가능하다는 답변을 들었지만 그 부지는 1867년 3월 25일까지 임대 중이었다. 중개인은 토지 가격을 서면으로 알려주겠다고 말했다. 여기에는 간단하지 않은 문제가 뒤따랐다. 즉 그 토지의 임대기간이 2년 4개월이나 더 남았다면 6개월 안에 확보하는 게 유리할 것 같았다. 그러니까 양도가 진행되자마자 네 번째 고아원의 건축 설계를 끝내고 건축업자들과 계약을 진행해야 한다는 뜻이었다. 하지만 나는 이런 어려움 때문에 실망하지 않았다. 토지를 빌린 사람에게 계약만료 전에 이전하는 것에 대해서 충분히 보상하면 아주 만족스러운 계약이 이루어질 것이라고 기대하면서 기도했다.

그렇지만 이렇게 일을 진행하기도 전에 또 다른 문제가 발생했다. 한 가지 문제는 토지 주인이 7천 파운드를 요구한 것이었는데, 그 금액은 내가 기대한 것을 훨씬 뛰어넘는 가격이었다. 또 다른 문제는 브리스톨에 상수도를 공급하는 회사가 이 부지에 추가로 저수지를 건설하려고 의회에 법령 통과를 추진한다는 소식이었다.

여기서 잠시 생각해보자. 여러분은 내가 계획을 진행시키도록 허락받았다고 생각할 정도로 주님이 지금까지 재정적인 수입을 지원해주신 과정을 확인했다. 나는 이 문제에 관해서 헤아릴 수 없을 만큼 기도해서 지금에 이르게 되었다는 것과 수많은 어린이가 고아원에 들어오려고 허가를 기다리고 있다는 사실을 추가할 수 있다. 그렇지만 주님은 우리 대신 5천 파운드를 기부하게 해서 아주 분명하게 모습을 보여주시고 나서는 우리의 전반적인 노력에 이토록 강력한 치명타를 용납하신 것이다.

하지만 내가 주님을 알게 된 이후로 그분은 우리의 믿음과 인내가 감당할 수 있는 상황에서만 자신이 용납한 어려움을 겪도록 허락하실 뿐이라는 사실을 수백 번 확인했다. 더 많이 기도하고, 더 많이 인내하고, 믿음을 활용하면 그런 어려움들은 사라질 것이다. 그런데 나는 주님을 알고 난 이후로는 이런 어려움에 휘둘린 적이 없었다. 주님의 말씀대로 그분을 신뢰했기 때문이다. "여호와는 압제를 당하는 자의 요새이시요 환난 때의 요새이시로다. 여호와여 주의 이름을 아는 자는 주를 의지하오리니 이는 주를 찾는 자들을 버리지 아니하심이니이다"(시 9:9-10).

따라서 나는 고아원 부지와 관련해서 겪게 된 이런 세 가지 어려움에 관해서 진지하게 기도에 힘썼다. 이 문제 때문에 하루에도 서너 차례씩 기도했고, 다음과 같은 방법들을 활용했다.

첫째, 내가 매입하고자 하는 부지에 저수지의 설치를 추진하는 브리스톨의 상수도 공급회사의 실무담당자들을 만나서 서류에서 직접 확인한 그들의 의향에 관해서 문의했다. 그들은 약간의 부지가 필요할 뿐이니 내가 추진하는 일에는 방해가 되지 않을 것이고, 굳이 그럴 필요가 없다면 이 얼마 되지 않는 땅도 취득하지 않을 것이라고 정중하게 대답해주었다.

둘째, 이 문제가 가닥을 잡아가게 되자 나는 여러 차례 기도하고 나서 임차인을 만났다. 나는 그리스도인이기 때문에 부지를 구입하더라도 그 사람의 감정이 상하는 일이 빚어져서는 안 된다고 생각했다. 그를 처음 만난 자리에서 내 생각을 밝히면서 기분 좋게 문제를 해결하고 싶다는 바람까지 함께 전했다. 그는 며칠간 그 문제를 검토하고 생각을 정리하고 싶다고 했다. 한 주 뒤에 다시 만나니 그는 땅이 그런 목적으로 사용되는 이상 방해하고 싶지 않고, 주택과 부지에 관해서 괜찮은 제안을 하면서 임차계약이 만료되기 전에 이사할 수 있도록 보상해달라고 친절하게 의사를 밝혔다. 물론 적절하고 합리적인 보상을 당연히 염두에 두고 있었기에 이 제안을 기도에 대한 정말 소중한 응답으로 받아들였다.

계속해서 나는 세 번째 문제라고 할 수 있는 부지의 가격 협상에 착수했다. 고아원을 한 곳 더 건축하기 위해서는 그 부지가 우리에게 얼마나 소중한지 잘 알고 있었지만 우리가 의도한 가격은 거래 가격이 아니었다. 그래서 나는 땅 주인이 기대했던 것보다 아주 낮은 가격을 받아들일 수 있도록 주님이 책임져달라고 하루도 거르지 않고 간절히 기도했다. 나는 주인에게 그가 요구한 가격이 적당하지 않은 이유를 설명했다. 결국 그는 7천 파운드에서 5천5백 파운드로 낮추는 데 동의했고, 나는 그 제안을 받아들였다.

내가 보기에는 땅이 평평해서 건물 두 채를 건축하는 데 상당한 금액을 아낄 수 있고, 불과 몇 달 전에 완공된 새로운 하수구가 부지에서 가까운 도로까지 연결되어 있어서 비용을 크게 아낄 수 있을 것 같았다. 이 두 가지 이점 이외에 우리가 이미 사용하고 있는 것처럼 브리스톨에서 가스를 끌어다 사용할 수 있다는 것 역시 고려해야 했다.

끝으로 이 부지가 다른 고아원 시설과 인접해 있어서 모두 한꺼번에 지시하고 관리하기가 용이하다는 게 무엇보다 중요했다. 사실 이렇게 많은 장점을 지니고 있는 땅은 가까운 곳에서든 아니면 먼 곳에서든 간에 찾아볼 수 없었다. 주님이 크게 배려하셔서 허락받은 것이었다.

이렇게 모든 상황이 마무리되자 이미 세 곳의 고아원을 수탁하고 있는 사람들을 찾아가서 그 토지와 관련된 법적 절차를 진행시켰다. 나는 여러분을 격려하기 위해서 이 문제를 자세하게 다루었다.

아무리 크고 작은 다양한 문제에 직면하더라도 낙심하지 않고 주님의 도움을 기대하고 신뢰하면서 기도에 전념하면 하나님은 가장 좋은 순간에 그분의 방식대로 분명히 응답하실 것이다.

## 하나님은 신뢰할 수 있다

1862년 3월 12일. 고아원 사역을 3백 명에서 1천 명으로 확대하기로 마음먹기 시작한 것은 1850년 11월의 일이었고, 그렇게 해서 1150명으로까지 늘어나게 되었다. 내 목표가 알려지게 된 것은 1851년 6월이었다. 당시까지 나는 그 일을 위해서 하루도 거르지 않고 기도하면서도 7개월 이상 누구에게도 알리지 않았다. 1850년 11월 말부터 1862년 3월 12일 사이에는 고아원의 확장계획을 위해서 하루에 대개 한 차례 이상 하나님께 기도하지 않은 적이 없었다. 그런데 오늘에 와서야 세 번째 고아원을 새롭게 완공해서 문을 열 수 있게 되었다.

그러니 존경하는 독자들은 일차적으로 무수하게 반복된 우리의 기도가 완벽하게 응답을 받기까지 얼마나 오래 걸렸는지 주목하지 않으면 안 된다. 그동안의 기도가 주 예수님의 이름으로 바쳐진 믿음의 기도이며 진지한 기도였고, 오직 하나님의 영광을 위해서 응답을 기대하는 기도였음에도 그랬다. 나는 하나님의 은총에 힘입어서 조금도 의심하거나 흔들리지 않고 11년 이상 완벽한 응답을 기대하면서 이 문제를 통해 오직 하나님께 영광을 돌리려고 노력했다.

1874년 3월 5일. 네 번째와 다섯 번째 고아원 모두 몇 년째 운영되고 있다. 네 번째 고아원은 1868년에, 그리고 다섯 번째 고아원은 1870년 초에 문을 열었다. 이미 1200명이 넘는 고아들을 돌보고 있지만 매달 그보다 더 많은 고아가 들어오고 있다. 가정마다 일을 배우거나 종노릇을 하던 어린이들을 보내오고 있기 때문이다. 아울러 고아원을 건축하고 시설을 갖추는 데 필요한 비용은 넉넉히 확보되어 있고, 모두 지불하고 난 뒤에도 수천 파운드가 남는 바람에 건물을 보수하는 데 충당하고 있다.

존경하는 독자 여러분은 하나님이 우리의 기도에 얼마나 풍성하게 응답하셨고, 그리고 하나님의 뜻을 확인하기 위해서 인내하고 기도에 힘쓴 게 실수가 아니라는 게 얼마나 분명하게 밝혀졌는지 눈여겨보기 바란다. 그러므로 용기를 내서 살아계신 하나님을 한층 더 신뢰하지 않으면 안 된다.

대개 하나님은 인정받지 못하고 실행되지 않는 어떤 진리를
교회에 새롭게 일깨우고 싶어 하실 때는 어떤 사람들을 세워서
그렇게 하신다. 19세기에는 특별히 뮬러를 세워서
기도에 응답하는 분이라는 사실을 알리게 하셨다.
나는 뮬러의 삶과 기도 체험에 관한 그의 기록을 잠시
살펴보는 것보다 기도에 관한 하나님의 핵심적인 진리를
확실하게 확인할 수 있는 방법을 알지 못한다. _ 앤드류 머레이

—

# 소중한
# 하나님의 응답들

✳   ✳   ✳   ✳   ✳

조지 뮬러는 자신의 기도가 분명히 5만 번 이상 응답받았다고 말했다. 그가 남긴 몇 권의 자서전에 기록된 것 가운데는 다음과 같은 일들이 있었다.


## 어느 화가가 나눠준 축복

**1859년 4월 30일. 먼 곳에서 편지 한 통이 도착했다.**

사랑하는 믿음의 형제님께
저는 이 우편물을 통해서 금화 2파운드를 송금하는 부인의 남편입니다. 이 애정어린 추억을 그리스도의 은행에 예금하는 것보다 더 좋은 방법은 무엇이 있을까요? 그분은 언제나 최고의 이자를 지불하시고 파산하는 법이 없으십니다.

누구보다 훌륭하고 영적인 상담자인 형제님에게 다음과 같은 일 때문에 너무 기쁘다는 소식을 알리지 않을 수 없습니다. 저는 풍경화를 주로 그리는 가난한 화가입니다. 대략 2주 전에 브리스톨에서 열리는 전시회에 그림 한 장을 보냈습니다. 형제님이 빌려주신 책을 모두 읽고 난 직후였습니다. 저는 브리스톨에 보낸 그림이 팔려서 수입의 절반을 형제님에게 보낼 수 있는 아름다운 특권을 허락해달라고 하나님께 겸손하고 진지하게 기도했습니다. 그림의 가격은 20파운드입니다. 그런데 잘 들어보십시오. 전시회가 시작되자마자 자비하신 하나님은 제 기도를 외면하지 않으시고 구입자를 보내주셨습니다. 과거에도 브리스톨에서 전시한 적이 있지만 한 점도 팔리지 않았습니다.

사랑하는 형제님, 기뻐서 마음을 주체할 수 없을 정도입니다! 이전에는 하나님을 그렇게 가깝게 느껴본 적이 없었습니다. 형제님의 도움을 받아서 더 큰 간절함으로, 더 큰 믿음으로, 그리고 더욱 거룩한 열심을 품고 하나님께 더 가까이 다가갈 수 있었습니다. 작년 내내 노력한 것에 대해서 하나님이 축복으로 갚아주신 것은 이번이 처음입니다. 이렇게 갚아주시니 얼마나 대단한 축복인지 모르겠습니다!

형제님의 책을 읽으면서 너무나 즐거웠습니다! 말씀드린 그림은 현재 클립튼 미술원에서 전시중입니다. 전시가 끝난 뒤에야 후원금을 보낼 수 있을 것 같습니다. 그때까지 작품 값이 지불되지 않기 때문입니다.

나는 지난 40년간 이런 편지들을 수없이 받았다.

## 북풍이 남풍으로 바뀌다

첫 번째 고아원의 난방 보일러에서 심각한 누수가 있다는 무엇보다 충격적인 소식을 접한 것은 1857년 11월 말경이었다. 보일러가 그런 상태로 겨울을 나는 것은 불가능한 일이었다.

우리가 보유한 난방시설은 히터가 내장되어 있어서 방을 따뜻하게 만드는 온수 파이프들이 연결된 대형 온수탱크 보일러로 이루어져 있다. 더운 공기 역시 이 장치와 연결되어 있다. 그 보일러는 겨울을 나는 데 지장이 없을 것 같았다. 보일러가 너무 낡아서 새 것으로 교체하지 않으면 별다른 효과가 없을 것이라고 생각하면서 "나는 하나님이 처리해주실 것으로 믿는다"고 말하는 것은 무책임한 가정이고 하나님에 대한 거짓 믿음을 행사하는 것이라고 생각했다.

보일러는 대부분 벽돌로 둘러싸여 있다. 따라서 보일러의 상태를 확인하려면 벽돌을 헐어내야 했다. 벽돌을 쌓지 않았다면 이 일을 처리하다가 보일러에 오히려 손상을 입혔을 것이다. 8년간 사용하면서 전혀 어려움이 없었기 때문에 이런 일을 예상할 수 없었다. 그런데 갑자기, 그리고 전혀 예상할 수 없게 초겨울에 이런 문제가 발생한 것이었다. 그러면 어떻게 처리했을까?

어린이들, 특히 영아들이 난방이 되지 않아서 어려움을 겪게 될까 봐 크게 걱정되었다. 그러면 어떻게 난방을 해결할 수 있었을까? 어떤 식으로든지 새롭게 보일러를 설치하려면 여러 주가 지나야 했다. 보일러를 수리하는 것도 누수가 심각해서 확신이 서지 않았다. 보일러를 벽돌로 둘러싼 것을 적어도 부분적으로 제거하기 전까지는 사실 아무것도 결정할 수 없었다. 하지만 우리가 그런 결정을 내릴 때까지도 며칠이 걸릴 수 있었다. 그러는 동안에 3백 명의 어린이들이 추위를 피할 수 있는 공간을 확보하려면 어떻게 해야 했을까?

잠시라도 가스난로를 설치하는 것을 생각해 보았지만 그 문제를 더 생각해 보니 여러 대의 가스난로를 설치하지 않는 이상 가스를 이용해서 난방을 하는 것은 불가능했다. 조명기구에서 아낄 수 있는 가스의 양이 충분하지 않았기 때문에 이 방법을 활용할 수 없었다. 더구나 이 난로들은 배기가스가 빠져나갈 수 있는 작은 배출구가 필요했다. 따라서 이런 방식의 난방은 넓은 방이나 계단, 혹은 상점에서 활용할 수 있지만 우리의 목적에는 어울리지 않았다.

아노트 난로를 한시적으로 활용하는 것도 생각해 보았지만 잠깐 사용해야 하기 때문에 창문 밖으로 길게 배출구를 설치해야 해서 적당하지 않은 것 같았다. 문제를 해결할 수 있는 방법이 확실하지 않고, 방의 외관을 훼손할 수 있기 때문에 이 계획 역시 제외했다. 그러면 어떻게 해야 했을까? 문제를 해결해서 어린이들이 차가운 방에서 고통을 겪지 않아도 된다면 1백 파운드를 지불해도 아깝지 않을 것 같았다. 결국 나는 자비롭고 사랑 넘치는 하나님의 손에 완전히 맡기기로 결심했다. 보일러의 손상 정도와 수리하면 겨울을 지낼 수 있는지의 여부를 확인하기 위해서 벽돌담을 허물기로 결정했다.

일꾼들에게 연락할 날을 결정하고서 필요한 모든 준비를 마쳤다. 수리하는 동안 보일러의 불은 당연히 꺼두어야 했다. 그런데 이런 일이 있었다. 수리할 날짜를 결정한 이후부터 차가운 북풍이 불기 시작했다. 목요일 아니면 금요일에 바람이 불기 시작해서 보일러의 불을 꺼야 하는 수요일 오후가 되었다. 그런데 12월 초순에 겨울이 시작되면서 처음으로 정말 추운 날씨가 찾아왔다. 어떻게 해야 했을까? 수리는 미룰 수 없었다. 나는 주님께 두 가지, 즉 북풍을 남풍으로 바꾸어주실 것과 인부들에게 일하고 싶은 마음을 허락해달라고 간구했다. 느헤미야가 예루살렘의 성벽을 건축할 때 "백성이 마음 들여 일을"(느 4:6)해서 52일간 얼마나 많은 일을 해냈는지 기억하고 있었다.

아무튼 잊을 수 없는 날이 닥쳤다. 전날 밤에도 차가운 북풍이 여전히 불어왔지만 수요일이 되자 내가 기도했던 대로 남풍이 불었다! 날씨가 너무 포근해서 보일러를 작동시킬 필요가 없었다. 벽돌을 헐어내자 물이 새는 곳을 바로 확인할 수 있었다. 보일러수리공들이 아주 부지런히 수리하기 시작했다. 저녁 8시 반 무렵에 집으로 가다가 보일러수리공들을 파견한 공장의 책임자가 작업이 어떻게 진행되고, 조금이라도 일을 처리할 수 없을지 점검하러 찾아왔다는 소식을 수위실에서 전해 들었다.

나는 그가 신속하게 작업을 마무리할 수 있는지 확인하려고 즉시 지하실로 향했다. 그 책임자와 어린이들을 위해서 온기를 유지하는 문제를 상의하자 일꾼들에게까지 들릴 정도로 크게 말했다. "직원들이 오늘밤 늦게까지 작업을 하고 내일 다시 아침 일찍 찾아올 겁니다."

그러자 일꾼의 대표가 나섰다. "차라리 밤샘 작업을 하는 편이 낫겠습니다." 그때 두 번째 기도제목이 떠올랐다. 나는 인부들에게 '일하고 싶은 마음'을 허락해달라고 하나님께 기도했었다. 그렇게 해서 쉬운 일은 아니었지만 아침까지 수리가 모두 끝나서 더 이상 물이 새지 않았다. 30시간 만에 벽돌을 다시 쌓고 보일러에 불을 땠다. 작업을 하는 동안에는 포근한 남풍이 불어와서 조금도 불을 땔 필요가 없었다. 이것은 우리가 기도와 믿음으로 극복한 여러 어려움 가운데 한 가지이다.

# 고아들의 회심

조지 뮬러는 고아원이 하나님의 모습과 성실하심을 "눈으로 확인할 수 있는 증거"가 되기를 희망하면서도 고아들의 영적인 필요를 위해서 하나님께 그 무엇보다 간절하게 기도했다. 그는 하나님이 그들의 몸과 마음을 건강하게 하실 뿐 아니라 영원한 구원으로 인도해달라고 간구했다.

1860년 5월 26일. 매일, 매년마다 하나님의 도움에 힘입어서 우리가 돌보고 있는 고아들의 영적인 유익을 위해 기도에 힘쓰고 있다. 24년간 주님 앞에 고아들을 위해서 간구한 기도는 풍성하게 응답되었다. 올해 내내 우리는 수백 명의 고아들이 회심하는 것을 목격했다. 단기간에, 심지어는 갑자기 상당수의 고아들이 회심할 때도 여러 번 있었다.

3년 전에는 며칠 만에 60명의 고아들이 주 예수님을 믿게 된 적도 있었다. 작년에도 그런 일이 두 차례나 있었다. 첫 번째 사례는 1850년 7월의 일이었다. 120명의 여자아이들이 배우는 학교에 하나님의 영이 강력하게 역사해서 절반이 넘을 정도로 아주 많은 학생이 영혼의 구원에 관해 깊은 관심을 갖게 되었다. 게다가 이런 일은 단지 한순간의 사건으로 끝나지 않아서 11개월 이후까지 지속되어 그 가운데 31명이 회심을 확신하게 되었고, 32명이 역시 현저하게 확신하는 수준에 도달했다. 1859년 7월에는 한 학교에서 120명의 고아들 가운데 63명이 회심한 적도 있었다. 이렇게 성령이 축복하시면서 강력하게 역사한 특별한 이유를 확인할 수는 없다. 하지만 그것은 아주 소중한 기도의 응답이었다. 덕분에 우리는 그것을 기대하면서 하나님의 응답을 한층 더 기다릴 수 있는 용기를 얻게 되었다.

과거에 성령께서 고아들에게 강력하게 역사한 두 번째 사례는 1860년 1월 말과 2월 초의 일이었다. 그것은 자세한 내용에 이르기까지 아주 흥미롭지만 우리가 돌보고 있는 여섯 살부터 아홉 살까지의 어린 여자아이들이 속한 학급에서 이렇게 놀라운 성령의 역사가 시작되었다는 사실을 소개하는 것으로 만족해야 한다. 그것은 나중에 상급생 소녀들에게, 그리고 다시 소년들에게로 확산되어서 열흘 만에 2백 명 이상의 고아들이 자신의 영혼에 관해서 관심을 갖게 되는 일이 벌어졌다.

고아들은 대개 주 예수님을 믿는 순간에 그 자리에서 평안을 누리게 되었다. 그들은 즉시 기도모임을 가질 수 있도록 허락해달라고 요청했고, 이후로 지금까지 모임을 지속하고 있다. 그들 가운데 상당수는 친구와 친척들의 구원에 역시 관심을 갖게 되었고, 그래서 그들에게 구원받을 수 있는 방법을 말이나 글로 소개했다.

# 고아들의 실습

1862년 초여름에 몇 명의 소년들이 실습생활이 가능하다고 판단되었지만 실습생을 신청한 기술자들이 전혀 없었다. 우리가 데리고 있는 소년들은 반드시 실내 실습에만 파송해야 하기 때문에 이것은 간단하지 않은 문제였다. 우리는 신앙생활을 하는 기술자들을 모색하는 것은 물론이고 사업내용까지 확인해야 했다. 기술자는 실습생을 자신의 가족으로 기꺼이 받아들여야 했다. 이런 상황에서 우리는 20년 이상 해오던 방식 그대로 힘껏 기도했다. 광고를 하면 수수료를 노리고서 실습생을 모집하는 기술자들이 찾아올 게 뻔했기 때문에 하나님이 예비해주시기를 기대했다. 우리는 이전에 이런 문제에 대해서 주님이 얼마나 선하게 우리를 도와주셨는지 기억하고 있었다.

몇 주가 흘렀지만 어려움은 해결되지 않았다. 하지만 우리가 계속해서 기도하자 한두 건씩 신청이 접수되었다. 그리고 지난여름에 이 문제를 놓고 처음 기도를 시작한 때부터 이듬해인 1863년 5월 26일까지 모두 18명의 소년들을 실습생으로 보낼 수 있었다. 어려움은 이렇게 기도를 통해서 전체적으로 극복하게 되었고, 실습을 희망하는 소년들은 남김없이 기술자들과 함께 지내게 되었다.

# 고아원의 돌림병

질병은 조지 뮬러가 고아원을 운영하면서 맞닥뜨린 가장 힘겨운 도전 가운데 하나였다. 당시 빈민의 위생상태 때문에 콜레라와 천연두가 발생하는 것은 아주 흔한 일이었다. 뚜껑이 덮여 있지 않은 하수구, 지저분한 식수, 거리에 널려 있는 쓰레기, 그리고 사체처리 제도의 부재로 인해서 사망률이 높아지고 질병이 쉽게 퍼졌다. 조지 뮬러는 어린이들의 건강을 위해서 적지 않게 기도했다. 이따금 고아원에도 질병이 돌았다. 이런 일을 겪으면서 뮬러는 이런 기록을 남겼다.

1866년의 여름과 가을에 고아원 세 곳 모두에서 홍역이 발생했다. 어린이들이 홍역을 앓고 있는 것을 확인하고 나서 의무실을 비롯한 수용 공간이 충분하지 않으니 한 번에 너무 많은 환자가 발생하지 않도록 특별히 기도했다. 이 기도는 완벽하게 응답되었다. 첫 번째 고아원에서는 83명, 두 번째 고아원에서는 111명, 그리고 세 번째 고아원에서는 68명이 홍역을 앓았지만 하나님은 자비롭게 우리의 간청을 들어주셨다. 우리가 준비한 방이 환자로 발 디딜 틈이 없게 되자 하나님은 넉넉히 방을 확보할 때까지 홍역의 확산을 막아주셨다. 덕분에 병을 앓게 될 어린이들을 위해서 방을 마련할 수 있었다.

계속해서 우리는 홍역을 앓는 어린이들이 안전하게 병을 이겨내고 생명을 잃는 일이 없게 해달라고 기도했다. 그렇게 그것은 응답되었다. 우리는 모든 기도에 응답을 받았다. 모두 262명의 어린이들이 홍역을 앓았지만 단 한 명도 목숨을 잃지 않았다.

끝으로 우리는 이 질병 때문에 신체적인 후유증이 남지 않도록 기도했다. 그런 경우가 적지 않았기 때문이다. 이 응답 역시 허락되었다. 262명의 어린이들 모두가 회복되었을 뿐 아니라 나중에도 역시 건강에 문제가 없었다. 나는 감사하는 마음으로 하나님이 자신의 영광을 위해서 허락하신 이런 놀라운 긍휼과 축복, 그리고 소중한 기도의 응답을 기록으로 남긴다.


## 어려운 형제들을 위한 도움


그 해(1863년)의 마지막이 다가와서 회계를 결산하다가 복음을 전하는 어려운 형제들을 있는 힘껏 돕고 싶은 간절한 마음이 한 번 더 일어났다. 그래서 목록을 작성해서 최근에 도움을 제공하지 못한 여러 명의 이름을 적고서 얼마를 보내야 적당할지 기록했다. 금액을 전체적으로 합해 보니 모두 476파운드가 필요하다는 것을 알게 되었다. 하지만 수중에는 280파운드가 고작이었다. 그래서 수표에 280파운드를 적어 넣었다. 476파운드를 흔쾌히 보내고 싶기는 했지만 동시에 그 형제들에게 이 금액이라도 보낼 수 있다는 사실에 감사했다.

수표를 준비하는 것으로 오늘 해야 할 일을 마무리하자, 날마다 하나님의 도움을 받아서 그분에게 여러 가지 문제에 관해 언제나 기도하는 시간이 돌아왔다. 나는 복음을 전하는 이 선교사들을 위해서 다시 한번 하나님께 간구했다. 올해가 겨우 3일밖에 남지 않았지만 여전히 그들에게 필요한 상당한 금액을 보내달라고 하나님께 기도했다.

기도를 마치고서 저녁 9시경에 집에 돌아오니 아주 먼 곳에서 선교사업에 100파운드, 내가 원하는 일에 100파운드, 그리고 나를 위해서 5파운드를 사용하도록 기부금이 도착해 있었다. 그래서 200파운드를 모두 선교사업에 배당하니 480파운드가 수중에 확보되어 이 일에 필요한 476파운드를 보낼 수 있었다. 이런 경우처럼 진정으로 하나님을 신뢰하면서 누리는 축복과 그분으로부터의 응답을 알고 있는 사람들은 그 기부금을 통해서 내가 누린 영적인 기쁨을 함께 느낄 수 있을 것이다. 기도에 대한 응답이 이루어졌고, 그 응답과 더불어 헌신적인 여러 그리스도 종들의 마음을 흐뭇하게 만드는 놀라운 기쁨이 찾아왔다.

1869년 9월 30일. 요크셔에서 50파운드의 후원금이 도착했다. 그리고 오늘 중국에서 주님의 일을 위해 써달라고 1,000파운드를 받았다. 이 기부금에 관해서 특별히 언급해두고 싶은 내용은 여러

달 동안 중국의 선교사업을 위해 더 많은 일을 하고 싶은 간절한 바람이 내게 있었다는 것과 이렇게 1,000파운드의 기부금이 들어왔을 때는 이미 그런 바람을 구체화하는 일에 착수한 다음이었다는 것이다(1870년대 초반에 뮬러는 허드슨 테일러와 중국내지선교회를 비롯한 거의 2백 명의 선교사에게 해마다 대략 10,000파운드씩 후원했다).

방법을 구하는 이런 기도에 대한 소중한 응답은 주님의 사역에 관여하고, 그리고 그 일을 위해서 재정이 부족한 이들에게 특별히 격려가 될 것이다. 우리가 하나님의 일을 하고, 필요한 것들에 대해서 그분을 기다리고 기대하면서 영광을 돌리면 원하는 시기에 원하는 방법을 통해서 분명히 공급해주신다는 게 다시 한번 입증되었다.

## 응답된 기도의 유익함

기도에 대한 응답이 가져다주는 기쁨은 형언할 수 없고, 영적 삶에 대한 자극은 정말 대단하다. 여러분 모두가 이런 행복을 경험할 수 있게 되기를 바란다. 만일 여러분이 영혼의 구원을 위해서 "주 예수를"(행 16:31) 믿는다면, 만일 여러분이 "정직하게" 행하고(시 84:11) "마음에 죄악을" 품지 않는다면(시 66:18), 만일 계속해서 "참아" 기다리고(시 37:7) 하나님을 믿으면(히 11:6) 여러분의 기도는 반드시 응답받게 될 것이다.

여러분은 나와 같은 방식으로 주님을 섬기게 해달라고 요청할 필요는 없다. 따라서 여기에 기록된 것들에 관해서 응답해달라고 전혀 기도할 필요는 없다. 하지만 여러분이 처한 다양한 상황, 여러분의 가족, 여러분의 사업, 여러분의 직업, 교회에서의 여러분의 위치, 주님을 위한 여러분의 수고를 통해서 여기에 기록된 것만큼이나 특별한 응답을 받게 될 것이다.

그렇지만 주 예수를 믿지 않는 사람, 그리고 변화되지 않은 심정으로 부주의하거나 스스로 의롭다고 생각하는 사람들이 이 글을 읽고 있다면 주 예수님을 믿고서 제일 먼저 "하나님과 화목"(고후 5:20) 하기를 사랑하는 마음으로 진지하게 부탁한다. 여러분은 죄인이다. 여러분은 심판을 피할 수 없다. 여러분이 이 진리를 볼 수 없다면 하나님께 보여달라고 요청하기 바란다. 이제 이것을 여러분이 무엇보다 먼저 특별히 기도해야 할 내용으로 삼기 바란다. 하나님께 당신의 본래 상태를 깨닫게 하시는 것은 물론이고 주 예수님을 마음에 계시해달라고 특별히 간구하기 바란다.

하나님은 죄를 범한 우리를 대신해서 처벌받도록 예수님을 보내셨다. 예수님은 죄를 지은 우리 영혼의 구원을 위해서 우리를 대신하여 고난을 받으셨다. 그러기에 죄인이 예수님을 믿는 순간 자신이 지은 모든 죄를 용서받는다. 그가 만약 우리 주 예수님에 대한 믿음을 통해서 하나님과 화해하고, 그리고 자신의 죄를 용서받게 되면 하나님의 임재를 담대하게 마주하고서 자신의 요구를 그분에게 전할 수 있다. "그러므로 우리는 긍휼하심을 받고 때를 따라 돕는 은혜를 얻기 위하여 은혜의 보좌 앞에 담대히 나아갈 것이니라"(히 4:16).

자신의 죄가 용서받았다는 것, 그리고 하나님이 그리스도 때문에 자신을 믿는 이들을 아주 기뻐하신다는 것을 깨닫게 될수록 하늘에 계신 아버지께 영육간의 모든 필요를 가지고 나갈 수 있는 준비를 하게 되고, 그러면 하나님은 그것들을 공급해주실 것이다. 하지만 용서받지 못한 죄책감이 남아 있는 한 하나님을 멀리하게 되는데, 특히 기도할 때 그렇다. 그러므로 사랑하는 여러분 가운데 아직 죄를 용서받지 못한 사람이 있다면 무엇보다 하나님이 주 예수, 곧 하나님의 사랑하는 아들을 마음에 계시해달라고 기도하기 바란다.


## 이중적인 응답

1865년 7월 25일. 런던의 인근 지역에서 100파운드와 함께 다음의 편지가 도착했다.

사랑하는 형제님
영국 은행 서부지국을 통해서 100파운드에 해당하는 수표를 당신에게 동봉한 것은 주님이 내게 시키신 일이라고 믿고 있습니다. 당신의 사역이 번창하기를 바랍니다.

주님 안에서 올림

내가 직접 만난 적은 없지만 런던에서 대규모로 사업을 하는 이 그리스도인 신사는 이전에도 서너 차례 비슷한 금액을 보내왔다. 나는 이런 친절한 후원금이 도착하기 하루나 이틀 전 쯤에 주님이 이 후원자의 마음을 움직여서 다시 한번 기부할 수 있게 해달라고 간구했었다. 그와 관련해서 이런 식으로 기도한 것은 처음이었다. 그렇게 해서 나는 후원금을 전달받은 것은 물론이고, 그로 하여금 기부하게 해서 이중으로 기도 응답을 받게 되었다.

여러분은 이제 후원자가 편지에 다음과 같이 표현한 의미를 알게 되었을 것이다. "수표를 당신에게 동봉한 것은 주님이 내게 시키신 일이라고 믿고 있습니다." 이 신사로 하여금 그 금액을 내게 송금하도록 만드신 분은 주님이 분명했다. 어쩌면 여러분은 내가 후원받은 내역을 확인해주는 과정에서 그 후원자에게 편지를 보낸 게 아닌지 의심할 수도 있다. 그렇게 하지 않은 이유는 그가 내가 특별한 어려움에 처한 것으로 생각하는 바람에 더 많은 금액을 보내는 일이 없도록 하기 위함이었다.

진정으로 주님을 알고, 실제로 그분을 의지하게 되면 개인들이 계속 도움을 제공하게 만들기 위해서 직간접적으로 암시할 필요가 없다. 나는 그 후원자에게 성경지식연구원의 여러 가지 사역을 위해서 하루도 거르지 않고 현재 지출해야 하는 금액이 상당히 부족하다는 사실을 편지로 알릴 수도 있었다. 실제로 그런 형편이었다. 그 당시에는 계획하던 고아원 사역의 확장과 관련된 모든 비용을 해결하려면 대략 2만 파운드가 필요하다는 것도 솔직하게 털어놓을 수 있었다.

그렇지만 내 믿음은 후원자들과 서신을 교환하면서 이런 문제들을 조금이라도 흘리는 것을 용납하지 않는다. 회계보고서가 출판되면 원하는 사람은 누구든지 지금까지의 과정을 확인할 수 있다. 그 때문에 나는 하나님의 청지기들의 마음에 우리를 대신해서 말씀하시도록 하나님의 손에 그 문제들을 맡겨둔다. 그러면 그분이 해결하신다. 우리가 하나님의 응답을 기다리는 것은 정말로 무의미한 일이 아니다!

## 사업을 하는 그리스도인에게

1869년 1월 1일. 스코틀랜드에서 50파운드의 후원금이 도착했다. 25파운드는 성경을 배포하는 데, 그리고 25파운드는 소책자의 보급에 사용해야 했다. 우리는 아주 먼 지역에서 이와 같은 사업에 10파운드, 그리고 고아들을 위해서 10파운드를 사용하도록 보내온 후원금도 받았다.

이 두 번째 후원금에 관해서는 잠깐 소개할 내용이 있다. 1868년 초반에 어느 그리스도인이 복잡한 사업상의 문제에 대해서 조언을 구하는 편지를 보내온 적이 있었다. 편지에 따르면 그는 주님의 뜻을 따르면서 하나님의 영광을 위해서 사업을 운영하고 싶었지만 주변 상황이 전혀 그렇지 않았다. 그래서 나는 제대로 조언할 수 있도록 브리스톨을 찾아오라고 답장을 보냈다. 그렇게 해서 그는 긴 여행에 나서게 되었고, 그리고 대화를 통해서 그가 무엇보다 힘겨운 처지에 있다는 것을 알게 되었다.

충분한 대화를 나눈 뒤에 나는 다음과 같이 조언했다.

첫째, 날마다 부인과 함께 사업상의 어려움에 관한 기도제목을 한 음성으로 하나님께 알리되, 가능하면 하루에 두 차례씩 해야 한다.

둘째, 기도에 대한 응답을 지켜보면서 하나님의 도와주심을 기대한다.

셋째, 손님들을 끌기 위해 낮은 가격 두세 가지를 배치해서 값을 깎아 판매한다고 광고하는 식의 사업을 절대하지 않는다. 그렇게 교활한 방법을 활용하는 것은 예수님의 제자에게 어울리지 않기 때문이다. 그리고 만일 그렇게 행동하다가는 하나님의 축복을 기대할 수 없다. 계속해서 나는 매주 수입이 많든지 적든지 간에 하나님의 사업을 위해서 일부를 따로 모아두었다가 주님을 위해 성실하게 사용하도록 충고했다.

마지막으로, 나는 그에게 매달 주님이 그에게 어떻게 응답하셨는지 알려달라고 부탁했다.

여러분은 그 이후로 주님이 이 사랑스러운 그리스도인 형제의 사업을 축복하신 것에 관해서 알고 싶을 것이다. 1868년 3월 1일부터 그가 올린 수입은 9,138파운드 13실링 5페니였는데, 이전에 같은 기간에 올린 수입은 6,609파운드 18실링 3페니에 불과했다. 과거보다 총 2,528파운드 15실링 2페니를 더 벌었다.

그는 위에서 소개한 것처럼 후원금을 보내면서 작년에 하나님의 사역이나 가난한 이들을 돕기 위해 123파운드 13실링 3페니를 따로 모을 수 있었다는 내용의 편지를 함께 보내왔다. 나는 사업하는 그리스도인들이 이 일화를 통해서 교훈을 얻을 수 있도록 아주 자세하게 소개했다.

## 고아원에서 일어난 부흥

작년(1871-1872년)의 통계를 소개하는 과정에서 나는 연말과 연초에 걸쳐 주님이 고아원 사업에 허락하셨던 놀라운 영적 축복을 소개한 바 있다. 하지만 이것은 아주 중요한 주제이기 때문에 여기서 조금 더 충분히 설명하고자 한다.

앞에서 소개한 것처럼 고아들의 영적인 상태는 우리의 마음을 대체로 우울하게 만들 정도였다. 그들 가운데는 영혼에 관해 진지하게 생각하고 구원을 위해 예수님의 구속적인 죽음을 의지하는 경우를 거의 찾아볼 수 없었다. 우리는 안타까워서 보조원, 여직원, 그리고 교사들을 비롯한 모든 직원에게 그것을 알리고서 어린이들의 영혼을 주님이 축복해주시도록 간절한 기도를 부탁했다. 이것은 전체 기도회에서 진행될 일이었지만 나는 개인 기도시간에도 그것을 위해서 기도하지 않으면 안 된다고 생각했다.

1872년에는 우리의 전체 기도와 개인 기도의 응답과 결과가 나타났다. 고아들 사이에서 믿음을 갖는 숫자가 이전보다 훨씬 더 증가했다. 1872년 1월 8일이 되자 주님은 어린이들에게 역사하기 시작하셨고, 이것은 이후에도 어느 정도 계속되었다. 세 번째 고아원에서는 그런 일이 가장 적게 일어났지만 천연두가 발병하면서 주님의 손이 강력히 역사하게 되었다. 그때 이후로 그 고아원에서 성령의 역사를 실감할 수 있었다.

1872년 7월 말경에 나는 다섯 곳의 고아원에서 봉사하는 모든 여직원과 교사들로부터 보고를 받았다. 그들의 보고에 따르면 자세히 관찰하고 대화해보니 당시에 우리가 돌보는 고아들 가운데 729명이 주 예수님을 믿는 신자가 되었다고 믿을 만한 충분한 근거를 갖고 있다는 것이었다. 거듭난 고아들의 이 숫자는 그 어느 때보다 훨씬 더 많았고, 그래서 우리는 주님을 경배하고 찬양했다! 주님이 천연두 때문에 빚어진 엄청난 시련을 대단한 축복으로 어떻게 뒤집으셨는지 확인해보라! 그리고 우리를 아주 낮은 상태에서 간절히 기도하게 하시고 난 뒤에 이전보다 성령의 역사가 얼마나 더 강력히 나타났는지 확인해보라!

## 70세에 시작한 선교여행

70세가 된 뮬러는 1875년에 선교여행을 시작했다. 그 후로 17년 간 그는 세계 42개국에서 3백만 명을 상대로 설교했다. 뮬러는 선교여행을 하면서 이런 기록을 남겼다.

1882년 8월 8일에 우리는 9번째 선교여행을 시작했다. 내가 처음으로 설교한 장소는 웨이머스였다. 그곳에서 대중을 상대로 네 차례 설교했다. 웨이머스를 떠나서 칼레와 브뤼셀을 거쳐 라인 강변에 있는 뒤셀도르프에 도착했다. 뒤셀도르프는 6년 전에 여러 차례 설교한 곳이었다. 그곳에 체류하면서 겪은 다음과 같은 일이 여러분에게 격려가 되기를 바란다.

1876년에 그 도시를 우리가 처음 방문했을 때 하루는 어느 경건한 선교사가 우리를 찾아왔다. 선교사는 여섯 명의 아들 때문에 상당한 어려움을 겪고 있었다. 몇 년 동안 그들의 회심을 위해서 기도했지만 여전히 자신들의 영혼에 대해서 무관심하다는 것이었다. 그는 내게 어떻게 해야 할지 일러달라고 부탁했다. 나는 이렇게 대답했다. "아들들을 위해서 계속 기도하면서 기도의 응답을 기대하십시오. 그러면 하나님을 찬양하게 될 것입니다."

그런데 6년이 흐르고 나서 같은 도시를 방문하니 이 사랑스러운 사내가 찾아와서 전에는 자신이 어떻게 처신해야 할지 알지 못해서 당황스러웠지만 내 충고를 받아들여서 어느 때보다 기도에 전념하고 있다는 소식을 전했다. 그가 나를 만난 지 두 달 뒤에 여섯 아들 가운데 다섯이 여드레 만에 회심했고, 지금까지 6년간 주님의 길을 걷고 있었다. 그는 여섯 번째 아들 역시 하나님 앞에서 자신의 영적인 상태에 관해 관심을 갖게 되기를 바라고 있었다.

그리스도인 여러분은 이런 일화를 통해서 기도가 즉각적으로 응답되지 않더라도 기도를 멈추지 말고 더욱더, 그리고 더욱 간절하게 하나님을 기다리면서 간구에 대한 응답을 기대할 수 있기를 바란다.

## 자발적인 섬김

뮬러가 목회하던 브리스톨교회는 숫자가 몹시 부족한 해외 선교사들을 기도에 대한 응답을 통해서 파송함으로써 하나님의 교회에 모범을 제시하는 특권을 누리게 되었다. 뮬러는 그의 저서

「일화」에서 이런 내용을 소개했다.

과거 8년 동안 독일에 가서 사역하는 것을 놓고 나를 비롯해서 몇몇 형제들이 마음에 품고 있었던 일을 역시 소개한다. 우리들 가운데 외국 땅에서 진리를 전하고 싶어 하는 형제들을 부르셔서 믿음의 공동체인 우리로 하여금 영광을 돌릴 수 있는 기회를 달라고 주님께 간구했다. 하지만 이 기도는 여전히 응답되지 않을 것 같았다.

그렇지만 8년이 지난 뒤에 주님이 응답하실 때가 닥쳤고, 특별히 이 문제를 마음에 품고 있는 내가 우리 가운데 제일 먼저 진리를 전하는 일을 맡게 되었다(뮬러는 1838년에 어린 시절에 성장한 곳을 잠시 방문했다). 바로 이 무렵에 주님은 데메라라로 가서 존경하는 스트롱 형제와 협력하며 사역하도록 우리 가운데 배링턴 부부를 부르셨다. 그뿐만 아니라 하나님은 스위스로 파송하기 위해서 우리가 사랑하는 에스페네 부부를 부르셨다. 이 사랑하는 동료들은 내가 독일을 방문한 직후에 출발했다.

하지만 이것이 전부가 아니었다. 우리가 아주 소중히 여기는 모달 형제는 12년간 지치지 않고 성실하게 봉사해서 성도들에게 좋은 인상을 남겼지만, 1843년 8월 31일에 스트롱 형제와 배링턴 부부가 브리스톨에서 데메라라를 향해서 출발하는 것을 보고 그곳에서 선교사로 봉사하고 싶은 생각을 하게 되었다. 그렇게 해서 그는 11개월 뒤에 역시 우리를 떠났다. 나 자신을 비롯해서 그 역시 과거 8년 동안 우리 가운데 외국인들을 섬길 수 있는 사람들을 세워달라고 거듭 간구하는 특별한 마음을 간직하고 있었다. 누구보다 그는 대가족을 책임진 가장이었고 나이도 50에 가까웠기에 선교사역에 부름받을 가능성이 가장 적어보였지만 하나님은 그를 선택하셨다. 그는 선교를 위해 출발해서 데메라라에서 잠시 사역했고, 1845년 1월 9일에 주님의 부름을 받고 영원한 안식에 들어갔다.

우리가 하나님께 그 무엇, 즉 추수할 일꾼들을 불러 모으거나 사역을 감당하는 데 필요한 재정을 보내달라고 간구할 때는 마음속으로 이렇게 정직하게 질문해야 한다. 그분이 나를 부르시면 기꺼이 떠날 것인가? 내 능력에 맞게 기꺼이 바칠 것인가? 내가 주님이 사역을 위해서 부르시는 바로 그 사람일 수도, 그리고 그분이 사용하고 싶어 하는 재정을 갖고 있을 수도 있기 때문이다.

## 하나님의 계획

뮬러는 1896년에 출판한 성경지식연구원의 보고서를 통해서 이 신앙공동체가 하나님으로부터 얼마나 큰 축복을 받았는지 소개했다.

우리들 가운데 60명의 형제와 자매가 외국의 사역 현장으로 떠났다. 몇 사람은 지상에서의 사역을 모두 마쳤지만 40명 정도는 여전히 이 소중한 사역에 참여하고 있다.

"추수할 것은 많되 일꾼이 적으니 그러므로 추수하는 주인에게 청하여 추수할 일꾼들을 보내주소서"(눅 10:2)라고 기도하면서 하나님의 계획을 따르고 있는 유럽과 미국의 수천 개 교회들이 어째서 아시아와 아프리카, 그리고 기타 세계에서 사역자들을 애타게 부르짖고 찾고 있는 것에 응답하려고 하지 않는 것일까?

그들 역시 브리스톨교회의 기도에 하나님이 응답하신 것처럼 그들의 기도가 응답되기를 분명히 기대하고 있을 것이다. 하나님의 방법을 성실히 사용하는 중국에서 무슨 일이 진행되었는지 살펴볼 필요가 있다! 허드슨 테일러가 1897년 7월에 「중국의 영혼들」(China's Millions)에서 소개하는 글을 인용하면 다음과 같다.

동역자들을 확보하기 위해 우리는 "추수하는 주인에게 청하라"는 하나님의 지시를 따랐다. 선교회가 출범하는 데 처음 5명의 선교사가 필요할 때, 중국내지선교회를 위해서 최초로 24명이 필요할 때, 그 이상의 추가 인원이 필요할 때, 3년 동안 70명이 필요할 때, 한 해 동안 수백 명이 필요하고, 그리고 때때로 추가 인원이 필요할 때 우리는 이 계획을 줄곧 의지해왔다. 하나님의 부름과 하나님의 사랑이 증명한 것 이외에는 그 어떤 결속도 존재하지 않는 30년 동안, 거의 모든 교단과 대부분의 지역을 망라

해서 현재는 5백 명 이상의 현지인 사역자들의 도움을 받는 7백
명 이상의 사역자 집단을 규합해서 협력하도록 만드는 게 가능
할까?

## 1859년 부흥의 시작

1856년 11월 제임스 맥퀼킨이라는 아일랜드 출신의 한 젊은이가
주님을 알게 되었다. 그는 회심한 직후에 내가 집필한 「일화」의 광
고를 보았다. 그 책이 너무 읽고 싶은 나머지 그는 1857년 무렵에 구
입했다. 하나님은 내 책을 통해서 그 청년의 영혼에 놀라운 축복을
허락하셨다. 덕분에 그는 기도할 때 무엇을 얻게 되는지 분명히 알
게 되었다. 그는 스스로에게 이런 식으로 말했다. "조지 뮬러가 기도
만으로 응답받은 것을 보라니까. 나도 기도하면 그런 축복을 누릴
수 있을 거야."

즉시 그는 주님을 잘 믿는 영적인 동료를 보내달라고 기도하기
시작했다. 얼마 뒤에 그는 믿음을 가진 한 젊은이와 친하게 되었다.
이 두 사람은 코너 교구에 속한 주일학교 가운데 한 곳에서 기도모
임을 시작했다. 제임스 맥퀼킨은 영적인 동료를 보내달라는 기도를
응답받고 난 뒤에 주님이 숨겨놓은 믿음의 사람들을 몇 명 더 만날
수 있게 해달라고 간구했다. 얼마 지나지 않아서 주님은 두 명의 젊

은이를 더 보내주셨다. 맥퀼킨이 보기에 그들은 과거에 믿음생활을 한 것 같았다.

1857년 가을, 맥퀼킨은 이 세 명의 젊은이에게 믿음을 갖고 기도해서 응답받는 내용을 소개했다. 나의 「일화」 덕분에 축복을 받아서 믿음의 기도가 가진 능력에 눈을 뜨게 된 과정을 알려준 것이었다. 그는 주일학교에서 봉사하는 여러 사람들과 복음을 전하는 일에 주님의 축복이 임하도록 기도하는 모임을 갖자고 제안했다. 그렇게 해서 1857년 가을에 네 명의 젊은이는 코너 교구에 속한 켈즈의 작은 학교 건물에서 매주 금요일 저녁마다 함께 모여 기도했다. 이 무렵에 미국에서 성령이 크고 강력하게 역사하고 있다는 소식을 접하게 된 맥퀼킨은 이런 생각을 하게 되었다. '그저 기도에 대한 응답만으로도 하나님이 뮬러에게 엄청난 일을 행하시는 것을 확인할 수 있는 이 나라에서는 어째서 놀라운 역사를 누릴 수 없는 것일까?'

1858년 1월 1일. 주님은 농장에서 일하고 있는 한 사람의 회심을 통해서 특별한 기도의 응답을 최초로 허락하셨다. 그 사내는 모임에 합류하게 되었고, 그렇게 해서 다섯 명이 기도에 헌신하게 되었다. 그 직후에 스무 살 정도로 보이는 또 다른 젊은이가 회심하게 되어서 여섯 명으로 늘어났다. 이 일이 계기가 되어서 맥퀼킨을 처음으로 만났던 나머지 세 사람은 큰 용기를 얻게 되었다.

계속해서 또 다른 사람들이 회심하고 역시 모임에 가입했다. 그런데 이 모임은 거듭난 사람들만 들어올 수 있었다. 그들은 성경을 읽고 기도하고, 성경을 읽다가 느낀 것 가운데 일부를 서로에게 소개했다. 이처럼 기도를 하거나 아니면 복음을 전하는 모임은 아일랜드의 앤크림 카운티의 코너 교구에서 진행되었다. 이때까지 모든 일이 매끄럽게 진행되고 수많은 영혼이 회심을 경험하게 되었다.

1858년 크리스마스 무렵에 코너로 이사 와서 이 작은 기도모임을 통해 회심하게 된 애호길 출신의 한 젊은이가 친구들을 만나기 위해서 고향을 방문했다. 그는 친구들에게 그들의 영혼 구원과 코너에서 진행되고 있는 하나님의 역사를 소개했다. 친구들은 기도 모임 참석자들 가운데 일부를 만나고 싶어 했다.

그렇게 해서 제임스 맥퀼킨과 처음 기도모임을 시작한 두 사람은 1859년 2월 2일에 애호길을 방문해서 어느 장로교 교회에서 집회를 갖게 되었다. 일부는 믿음을 갖고, 일부는 조롱하고, 또 일부는 이 젊은이들을 상당히 비판적으로 바라보기도 했지만 적지 않은 사람들이 계속해서 집회에 참석하고 싶어 했다. 덕분에 1859년 2월 16일에 세 사람의 젊은이가 다시 한번 집회를 열게 되었다. 그런데 하나님의 영이 역사하기 시작해서 강력하게 지속되었다. 많은 영혼이 회심하게 되었고, 그때 이후로 회심하는 사람의 숫자가 급속히 늘어갔다. 이 회심자들 가운데 일부는 다른 곳으로 가서, 말하자면 영적인 불꽃을 전달했다. 하나님의 영이 행하시는 복된 역사가 사방으로 번져나갔다.

1859년 4월 5일. 맥퀼킨이 밸리메나를 방문했다. 도착한 지 첫

주가 지나지 않아서 장로교 교회 다섯 곳에서 집회가 열렸다. 그때 이후로 축복의 역사가 벨파스트에서 시작되었다. 맥퀼킨은 그곳을 방문하는 동안 제러마이아 메널리의 도움을 받았다. 그는 나의 「일화」를 읽고 나서 기도 모임에 처음으로 합류한 세 사람 가운데 한 명이었다. 이때를 기점으로 성령의 역사가 더욱 널리 퍼져나갔다. 주님은 하나님의 말씀을 이곳저곳으로 전파하기 위해서 이 젊은 그리스도인들을 사용하셨다.

　이런 일은 성령의 강력한 역사를 알리는 신호탄에 지나지 않았다. 이후로 수백 혹은 수천 명의 사람들이 거듭났다. 독자들 가운데는 1859년에 이 성령의 불이 영국, 웨일스, 그리고 스코틀랜드를 어떻게 밝혔는지, 아일랜드, 영국, 웨일스, 그리고 스코틀랜드에 어떻게 전해졌는지, 유럽 대륙의 일부가 어떻게 이 강력한 성령의 역사에 참여했는지, 그로 인해서 수많은 사람이 어떻게 선교사역에 헌신하게 되었는지, 그리고 아일랜드에서 처음 시작된 이 사역의 영향을 실감하는 것은 물론이고, 유럽 전체에서 이 복된 역사가 1874년에 이르기까지 어떻게 지속되었는지 기억하는 이들이 있을 것이다. 이 영광을 그 어떤 도구가 아니라 오직 성령께 돌리는 게 마땅하겠지만 하나님이 자녀들의 믿음의 기도에 얼마나 풍성하게 기쁨으로 응답하셨는지 확인할 수 있도록 그것과 관련된 사실들을 소개한 것이다.

# 메리 그로브스와의 결혼

····················································

뮐러는 「일화」 제3권에서 하나님의 계획에 따라서 첫째 부인 메리 그로브스를 만나 결혼하게 된 과정을 소개했다.

아내를 만나게 된 것은 하나님의 손길 덕분이었다. 하나님의 손길은 아주 확실해서 내 영혼은 이렇게 고백할 수밖에 없다. "주는 선하사 선을 행하시오니"(시 119:68).

다른 사람들이 참고할 수 있도록 몇 가지를 소개하겠다. 1829년 말에 복음을 전하러 런던을 떠나서 데본셔로 갔을 때 주님을 따르는 어느 형제가 아주 유명한 기독교 여성이었던 페이짓의 주소가 적혀 있는 명함을 한 장 건넸다. 그녀는 엑세터에 살고 있었는데 믿음이 아주 좋아서 만나봐야 할 것 같았다. 그녀의 주소를 주머니에 넣고 다녔지만 연락할 여유가 거의 없었다. 3주 동안 주머니에 명함을 넣고 있었지만 이 여성을 만날 생각을 하지 못했는데 마침내 만남이 이루어졌다. 하나님은 이런 방법을 통해서 훌륭한 부인을 만날 수 있도록 허락하셨다.

페이짓은 내게 1830년 1월 마지막 화요일에 엑세터와 가까운 폴티모어에 있는 한 장소에서 설교를 부탁했다. 그곳은 그녀가 직접 마련했는데, 나중에 처남이 된 그로브스(A. N. Groves)가 바그다드 선교사로 출발하기 전까지 한 달에 한 번씩 거기서 설교를 했다.

나는 쉽게 초대에 응했다. 얼마 전에 내 영혼은 주님의 재림에 관한 소중한 진리와 기타 아주 중요한 진리를 어디에서든지 전하고 싶은 마음이 가득했기 때문이었다.

페이짓은 헤어지는 자리에서 헤이크라는 어느 기독교인 형제의 주소를 건넸다. 그는 그로브스가 숙소로 사용하던 노던헤이 하우스에서 청소년들을 위한 남녀공학 기숙학교를 운영하고 있어서 테인머스에서 엑세터에 도착하면 묵어갈 수 있었다. 나는 약속한 시간에 이곳을 찾아갔다. 나중에 나의 사랑하는 아내가 된 그로브스가 그곳에 있었다. 헤이크 형제의 부인이 오랫동안 건강이 좋지 않았기 때문에 그녀가 가정을 보살피면서 어려운 일을 돕고 있었다.

폴티모어에 처음 방문했다가 1개월 뒤에 다시 설교하러 방문했을 때도 헤이크 형제 집에 또다시 묵게 되었다. 두 번째 방문하고 난 뒤로는 한 주에 한 차례씩 엑세터 교회에서 설교했다. 그 때문에 매주 테인머스에서 엑세터를 방문했고, 그때마다 헤이크 형제의 집에서 묵었다.

이 당시에는 결혼할 생각이 전혀 없었다. 혼자 지내면서 복음사역을 위해 자유롭게 여행했다. 몇 개월이 흐르자 25세가 되지 않은 젊은 목사가 결혼을 통해서 얻을 수 있는 이점이 적지 않게 눈에 들어오게 되었다. 그런데 문제는 결혼 상대를 결정하는 일이었다. 그로브스가 마음에 들었지만 결단하기 전까지 오랫동안 힘들게 기도해야 했다. 헤이크 형제의 부인은 여전히 상당한 규모의 가사를 책임질 수 없는 상태였기 때문에 이 능력 있는 일꾼을 맞이한다는 것은 상상할 수 없는 일이었다.

나는 계속해서 기도해야 했다. 결국 나는 이런 결정을 내리게 되었다. 나에 대한 그로브스의 애정을 확인했기 때문에 그녀에게 청혼하는 게 마땅하지만, 나의 그런 행동이 사랑하는 친구이며 형제인 헤이크에게 매정하게 보일 수 있으니 그로브스를 대신할 수 있는 적절한 사람을 보내달라고 하나님께 간구할 필요가 있다. 그래서 1830년 8월 15일에 그녀에게 아내가 되어달라고 청혼하는 편지를 보내게 되었고, 8월 19일에 평소처럼 설교하러 엑세터를 방문했을 때 그녀에게서 청혼을 허락받았다.

그녀가 청혼을 받아들이고 나서 우리는 제일 먼저 앞으로 이루게 될 가정을 위해 무릎을 꿇고 주님의 축복을 간구했다. 2~3주가 흐르자 주님은 우리의 기도에 응답하셔서 가정살림을 보살피는 데 적합한 사람을 찾게 하셨지만, 헤이크 형제 부인의 병은 계속 차도가 없었다.

우리는 1830년 10월 7일에 결혼식을 올렸다. 우리의 결혼식은 무엇보다 간단했다. 우리는 결혼식 피로연을 생략한 채 간단히 교회에서 예식을 치르고 오후에는 헤이크 형제의 집에서 그리스도인 형제들이 한 자리에 모여 주님의 죽음을 기념하는 성찬식을 가졌다. 그러고 나서 사랑하는 신부를 마차에 태우고 테인머스로 떠났고, 우리는 그다음 날 주님을 위한 사역을 시작했다. 출발부터 단출했다.

그리고 세상의 습관과 달리 그리스도를 위한 우리의 거룩한 목적은 그때 이후로 계속되었다. 그러면 누구보다 사랑스러운 아내를 내게 허락하신 하나님의 손길을 살펴보자.

첫째, 내가 페이짓의 주소를 받게 된 것은 하나님의 지시 때문이었다. 둘째, 나는 상당히 지연되기는 했지만 결국 그녀에게 연락할 생각을 하게 되었다. 셋째, 그녀가 다른 믿음의 형제들에게 휴식처를 제공하지 않았더라면 그로브스를 만나지 못했을 것이다. 넷째, 우여곡절 끝에 아내에게 청혼할 생각을 접기로 결심했지만 하나님은 내 양을 통해 말씀하셔서 문제를 바로잡으셨다. "나에 대한 그로브스의 애정을 확인했기 때문에 그녀에게 청혼하는 게 마땅하지만, 나의 그런 행동이 사랑하는 친구이며 형제인 헤이크에게 매정하게 보일 수 있으니 그로브스를 대신할 수 있는 적절한 사람을 보내달라고 하나님께 간구할 필요가 있다." 나는 순종했다. 나는 청혼하는 내용이 담긴 편지를 보냈고, 그렇게 해서 변함없는 축복이 흘러넘치고 있다.

여기서 잠깐 믿음의 사람들에게 배우자 선택에 관한 간단한 조언을 하고자 한다. 결혼하는 문제는 인생에서 무엇보다 중요한 사건이다. 결혼을 위해서 기도를 많이 하는 것은 지나친 일이 아니다. 우리의 행복, 우리의 유용함, 하나님이나 이후의 우리의 삶은 우리가 내리는 선택과 깊은 관계가 있을 때가 많다. 그러므로 무엇보다 기도하는 자세로 이런 선택이 이루어져야 한다. 그런 결정을 내리는 데 있어서 아름다움이나 나이, 돈이나 지적 능력을 고려해서는 안 된다.

첫째, 하나님의 인도하심을 적지 않게 기다려야 한다. 둘째, 주님의 인도하심을 기꺼이 따르는 것을 진정한 목표로 삼아야 한다. 셋째, 의심의 그림자를 걷어낸 진정한 경건을 인생의 반려자가 될 그리스도인의 일차적이며 무엇보다 필수적인 자격으로 간주해야 한다. 그렇지만 이것 말고 다른 측면에서도 잘 어울리는지 차분히, 그리고 인내하면서 확인해야 한다. 가령 교양 있는 사내가 전혀 교양을 갖추지 못한 여성을 선택하는 것은 바람직하지 못하다. 사내의 사랑이 그 결점을 상당히 덮어줄 수 있지만 자녀들에게는 그리 행복한 일이 될 수 없기 때문이다.

"

너희가 내 이름으로 무엇을 구하든지
내가 행하리니 이는 아버지로 하여금
아들로 말미암아 영광을 받으시게 하려 함이라.
내 이름으로 무엇이든지 내게 구하면
내가 행하리라(요 14:13-14).

"

"

조지 뮬러가 이야기한 것 가운데 주목해야 할 것이 너무 많다.
하지만 다음 한 가지를 지적하는 것만으로도 충분할 것 같다.
그것은 바로 인내의 기도를 가능하게 하는 비결로써
하나님의 약속을 흔들림 없이 굳게 신뢰해야 한다는 교훈이다.
_ 앤드류 머레이

"

# 응답받는
# 강력한 기도 방법

* * * * *

매일 하나님의 공급하심을 기대하면서 하나님의 사역에 힘쓰던 뮬러는 기도밖에는 그 어떤 강력한 도구가 있을 수 없다고 생각했다. 하나님은 그런 뮬러의 기도에 응답하셨고, 덕분에 그는 실제로 헤아릴 수 없을 정도의 축복을 누렸다. 그는 두려움 없이 하나님께 기도할 수 있는 비결을 이렇게 소개한다.

첫째, 예수님을 의지하라.

강력한 기도를 하기 위한 일차 조건은 주 예수 그리스도의 공로와 중재를 축복을 요청할 수 있는 유일한 근거로 의지하는 것이다. 다음의 성경구절을 자세히 살펴보라. "너희가 내 이름으로 무엇을 구하든지 내가 행하리니 이는 아버지로 하여금 아들로 말미암아 영광을 받으시게 하려 함이라. 내 이름으로 무엇이든지 내게 구하면 내가 행하리라"(요 14:13-14). "너희가 나를 택한 것이 아니요 내가 너희를 택하여 세웠나니 이는 너희로 가서 열매를 맺게 하고 또 너희 열매가 항상 있게 하여 내 이름으로 아버지께 무엇을 구하든지 다 받게 하려 함이라"(요 15:16).

둘째, 죄를 멀리하라.

알고 있는 모든 죄악과 분리되어야 한다. 하나님은 죄악을 용납하시지 않는다. 성경은 이렇게 말씀하신다. "내가 나의 마음에 죄악을 품었더라면 주께서 듣지 아니하시리라"(시 66:18).

셋째, 믿음을 실천하라.

하나님이 맹세하며 확증하신 하나님의 언약의 말씀을 따라서 믿음을 실천해야 한다. 하나님을 믿지 않는 것은 그분이 거짓을 말하고 위증하는 것으로 만드는 것이다.

"하나님이 아브라함에게 약속하실 때에 가리켜 맹세할 자가 자기보다 더 큰 이가 없으므로 자기를 가리켜 맹세하여 이르시되 내가 반드시 너에게 복 주고 복 주며 너를 번성하게 하고 번성하게 하리라 하셨더니 그가 이같이 오래 참아 약속을 받았느니라. 사람들은 자기보다 더 큰 자를 가리켜 맹세하나니 맹세는 그들이 다투는 모든 일의 최후 확정이니라. 하나님은 약속을 기업으로 받는 자들에게 그 뜻이 변하지 아니함을 충분히 나타내시려고 그 일을 맹세로 보증하셨나니 이는 하나님이 거짓말을 하실 수 없는 이 두 가지 변하지 못할 사실로 말미암아 앞에 있는 소망을 얻으려고 피난처를 찾은 우리에게 큰 안위를 받게 하려 하심이라. 우리가 이 소망을 가지고 있는 것은 영혼의 닻 같아서 튼튼하고 견고하여 휘장 안에 들어가나니 그리로 앞서 가신 예수께서 멜기세덱의 반차를 따라 영원히 대제사장이 되어 우리를 위하여 들어 가셨느니라"(히 6:13-20).

"믿음이 없이는 하나님을 기쁘시게 하지 못하나니 하나님께 나아가는 자는 반드시 그가 계신 것과 또한 그가 자기를 찾는 자들에게 상 주시는 이심을 믿어야 할지니라"(히 11:6). "그를 아노라 하고 그의 계명을 지키지 아니하는 자는 거짓말하는 자요 진리가 그 속에 있지 아니하되"(요일 2:4).

넷째, 그분의 뜻에 따라서 간구하라.

우리가 기도하는 동기는 경건해야 한다. 우리는 이기적인 목적 때문에 하나님의 선물을 요구해서는 안 된다. "그를 향하여 우리가 가진 바 담대함이 이것이니 그의 뜻대로 무엇을 구하면 들으심이라"(요일 5:14). "구하여도 받지 못함은 정욕으로 쓰려고 잘못 구하기 때문이라"(약 4:3).

다섯째, 인내하며 기도하라.

반드시 인내하며 기도해야 한다. 농부가 추수의 때를 오랫동안 인내하며 기다리는 것처럼 하나님을 기다리고 또 기다려야 한다.

"항상 기도하고 낙심하지 말아야 할 것을 비유로 말씀하여 이르시되 어떤 도시에 하나님을 두려워하지 않고 사람을 무시하는 한 재판장이 있는데 그 도시에 한 과부가 있어 자주 그에게 가서 내 원수에 대한 나의 원한을 풀어주소서 하되 그가 얼마 동안 듣지 아니하다가 후에 속으로 생각하되 내가 하나님을 두려워하지 않고 사람을 무시하나 이 과부가 나를 번거롭게 하니 내가 그 원한을 풀어주리라. 그렇지 않으면 늘 와서 나를 괴롭게 하리라 하였느니라. 주께서 또 이르시되 불의한 재판장이 말한 것을 들으라. 하물며 하나님께서 그 밤낮 부르짖는 택하신 자들의 원한을 풀어주지 아니하시겠느냐. 그들에게 오래 참으시겠느냐. 내가 너희에게 이르노니 속히 그 원한을 풀어주시리라. 그러나 인자가 올 때에 세상에서 믿음을 보겠느냐 하시니라"(눅 18:1-8).

"그러므로 형제들아 주께서 강림하시기까지 길이 참으라. 보라. 농부가 땅에서 나는 귀한 열매를 바라고 길이 참아 이른 비와 늦은 비를 기다리나니"(약 5:7).

"

내가 또 너희에게 이르노니 구하라.
그러면 너희에게 주실 것이요 찾으라.
그러면 찾아낼 것이요 문을 두드리라.
그러면 너희에게 열릴 것이니
구하는 이마다 받을 것이요
찾는 이는 찾아낼 것이요
두드리는 이에게는 열릴 것이니라(눅 11:9-10).

"

그리스도인의 묵상은 성경을 읽는 것과 기도하는 것 사이를
연결하는 고리이다. 조지 뮬러의 기도 응답 비결이 있다면
그것은 바로 묵상과 기도의 연결고리를 발견한 것이다.
뮬러는 성경을 묵상하고 나면 의미 있는 기도시간을
더 자주 경험할 수 있다는 사실을 발견해냈다. _ 도널드 S. 위트니

—

# 효과적으로
# 성경을 읽는 방법

* * * * *

하나님의 말씀을 성실하게 읽음으로써 조지 뮬러의 삶은 놀라운 방식으로 변화되었다. 성경 읽기에 관해서 뮬러는 이런 기록을 남겼다.

나는 젊은 그리스도인들이 너무 쉽게 빠지는 유혹에 빠진 적이 있다. 성경보다 경건서적 읽는 것을 더 좋아한 것이다. 나는 육신의 생각에 양식을 공급하기 위해서 과거처럼 프랑스와 독일의 소설을 읽지 않지만, 그렇다고 해서 이런 책들 대신에 최고의 책을 선택하지도 않았다. 나는 소책자, 선교신문, 설교집, 그리고 경건한 인물의 자서전을 읽었다. 이 마지막 유형의 책은 다른 것들보다 더 유익하기 때문에 잘 선택하거나 그런 저서를 너무 자주 읽지 않거나, 혹은 그것들 가운데 어느 한 권이라도 성경을 특히 사랑하게 만들었다면 나에게 상당한 도움이 되었을 것이다.

　나는 지금까지 살아오면서 단 한 번이라도 성경 읽는 습관을 가져본 적이 없었다. 열다섯 살 이전까지는 학교에서 어쩌다가 조금씩 읽었을 뿐이다. 나중에는 하나님의 소중한 책을 완전히 외면하고서 단 한 장도 읽은 적이 없었다. 내가 기억하기로는 마음속에서 은총의 역사가 시작되어 하나님이 기뻐하실 때까지 달라지지 않았다.

　말씀을 읽으면 그것에 대한 사랑이 커진다.

　그런데 성경으로 추론하는 방식은 다음과 같다. 즉 하나님은 직접 겸손하게 저자가 되셨지만 나는 그분의 성령이 종들을 시켜서 집필하게 만든 소중한 책을 알지 못한다. 성경에는 내가 알아야 마땅한 것과 진정한 행복으로 안내하게 될 지식이 담겨 있다. 그러므로 이 무엇보다 소중한 책이며, 책 중의 책인 성경을 무엇보다 진지하고, 무엇보다 기도하는 자세로 자주 묵상하면서 거듭거듭 읽지 않으면 안 된다.

　나는 성경을 거의 읽지 않았지만 그것에 관해서 아는 게 제대로 없다는 것은 알고 있었다. 하지만 그것을 실천하거나 하나님의 말씀에 대한 무지를 인정하고 그것을 더 많이 읽기보다는 읽어도 이해하기가 쉽지 않으니 즐거움을 제대로 누릴 수 없어서 성경 읽기에 대한 관심이 사라지게 되었다(하나님의 말씀을 여러 번 기도하듯 읽으면 단순히 더 많은 지식을 얻게 될 뿐만 아니라 읽으면서 얻게 되는 즐거움도 증가하게 된다). 그 덕분에 그리스도를 통해서 새로운 삶을 시작한 처음 4년간 살아계신 하나님의 계시보다 영감받지 못한 인간들의 작품을 실제로 좋아했다.

말씀을 읽으면 영적으로 성장한다.

그것은 내가 지식이나 은혜가 모두 갓난아기 수준을 벗어나지 못한 데 따른 결과였다. 내가 말하는 것은 지식에 대한 것이다. 모든 진정한 지식은 성령을 통해서 성경으로부터 나와야 한다. 그런데 나는 성경을 무시하는 바람에 거의 4년 동안 우리의 거룩한 믿음의 기본적인 입장조차 분명하게 파악하지 못할 만큼 무지했다.

무엇보다 슬펐던 것은 말씀에 대한 이런 무지 때문에 하나님의 길을 꾸준히 걷지 못했다는 사실이다. "진리를 알지니 진리가 너희를 자유롭게 하리라"(요 8:32). 그것은 "이는 세상에 있는 모든 것이 육신의 정욕과 안목의 정욕과 이생의 자랑이니 다 아버지께로부터 온 것이 아니요 세상으로부터 온 것"(요일 2:16)을 위해 종노릇하는 것에서 구원함으로써 우리로 하여금 자유를 누리게 하는 진리이기 때문이다.

말씀이 그것을 입증한다. 성도의 경험이 그것을 입증하고, 무엇보다 내 경험 역시 결정적으로 그것을 입증한다. 주님이 1829년 8월에 나를 성경으로 이끌어주셨을 때 내 삶과 걸음은 상당히 달라졌다. 그리고 그 시간 이후에도 여전히 내가 기대하고 당연히 그래야 한다고 생각하는 삶과는 상당히 거리가 멀었지만(롬 3:23) 하나님의 은총에 힘입어서 이전보다 하나님께 훨씬 더 가까이 다가갈 수 있었다.

성경보다 다른 책들을 더 좋아하고 하나님의 말씀보다 인간의 작품을 훨씬 더 즐기는 성도들이 이 글을 읽고 있다면 내가 헛되게 시간을 보낸 것을 보고 경계로 삼기 바란다. 주님이 이 책을 빌어서 자기 백성들 가운데 일부가 더 이상 성경을 외면하지 않고, 그리고 지금껏 인간의 작품들을 대하던 것보다 성경을 더 좋아하게 만드는 도구로 활용하신다면 나는 이 책이 상당히 선한 일에 사용되었다고 생각할 것이다.

나는 독자들이 선택할 수 있는 책의 가짓수가 느는 것을 좋아하지 않기 때문에 다른 사람들이 내가 범한 잘못과 실수를 보고서 도움을 받을 수 있는 유일한 방법이 이것이라는 확신이 서지 않았다면 이 부분은 당연히 집필하지 않았을 것이다. 나는 기도를 응답받은 내 경험을 읽게 되면 성경을 보다 더 소중히 여기고, 모든 행위의 기준과 지침으로 활용될지 모른다는 희망을 갖고 용기를 냈다.

말씀을 읽으면 영적 진리를 깨닫는다.

누군가 성경을 가장 유익하게 읽을 수 있는 방법을 묻는다면 무엇보다 하나님 한 분만 그분의 영을 통해서 가르칠 수 있다는 것을 명심하도록 조언하고 싶다. 아울러 그런 사람은 하나님께 축복을 간구하고 있는 것이기 때문에 하나님의 말씀을 읽기 전에, 그리고 성경을 읽는 과정에서 하나님의 축복을 구하는 것은 괜찮은 생각이다.

게다가 성령은 누구보다 뛰어나고 능력 있는 교사이지만 이 교사는 우리가 바라는 것을 언제나 즉시 가르쳐주시지 않는다는 사실과 그 때문에 특정 구절에 대해서는 거듭해서 설명을 간구하지 않을 수 없다는 사실을 명심해야 한다. 그렇지만 우리가 실제로 인내하고 기도하면서 하나님의 영광을 바라보고 애쓴다면 마침내 주님은 확실하게 깨닫게 해주실 것이다.

체계적으로 말씀을 읽으라.

그리고 하루도 거르지 않고 구약의 일부와 신약의 일부를 먼저 읽은 곳에서부터 계속 읽어나가면서 체계적으로 읽는 것은 하나님의 말씀을 이해하는 데 상당한 도움이 된다. 성경을 체계적인 방식으로 읽어야 할 이유는 다음과 같다.

첫째, 이 방법은 구약과 신약성경 간의 관계를 조명해주기 때문에 중요하다. 이와 달리 습관적으로 좋아하는 부분을 선택하는 방법은 성경에 대한 충분한 이해를 힘들게 만들 것이다.

둘째, 우리가 육신을 벗어날 수 없는 동안에는 영적인 부분까지 변화가 필요하다. 그리고 이런 변화는 자비하신 주님이 아주 다양하게 베풀어주시기 때문에 말씀 안에서 확인해야 한다.

셋째, 말씀을 순서에 맞추어서 읽게 되면 하나님이 영광을 받으신다. 여기저기 조금씩 읽는 것은 실제로 어떤 부분이 다른 부분보다 더 낫다거나, 혹은 계시된 내용 가운데는 도움이 안 되거나 필요하지 않은 부분이 존재한다고 말하는 것이다.

넷째, 성경을 정기적으로 읽으면 전체적인 의미를 확인할 수 있기 때문에 하나님의 축복을 받아서 그릇된 견해를 벗어나게 된다. 아울러 선호하는 특정 견해를 지나치게 많이 강조하지 않게 된다.

다섯째, 성경의 내용에는 하나님의 뜻이 전체적으로 계시되어 있다. 따라서 우리는 이따금 계시된 뜻을 전체적으로 고려하면서 읽으려고 노력해야 한다. 오늘날의 많은 그리스도인이 성경을 한 번도 통독하지 않은 것은 걱정스러운 일이다. 하지만 하루도 거르지 않고 몇 장씩만 읽어도 그것은 가능하다.


말씀을 생각하라.

우리가 읽은 내용을 묵상하는 것 역시 무엇보다 중요한 일이다. 읽은 내용 가운데 일부, 혹은 시간이 넉넉하면 전부를 그날에 묵상할 수도 있다. 아니면 우리가 정기적으로 계속해서 묵상하는 성경 가운데 한 책이나 서신, 혹은 복음서를 이런 계획에 억지로 꿰맞추지 않으면서 날마다 묵상하는 것도 가능하다.

학문적인 성경주석은 여러 가지 개념의 형태나 혹은 하나님의 진리와 함께 머리에 저장할 수 있다. 그렇지만 기도와 묵상을 통해서 성령이 가르쳐줄 때는 가슴이 변화된다. 전자에 해당하는 지식은 대체로 우쭐대게 하지만(우상의 제물에 대하여는 우리가 다 지식이 있는 줄을 아나 지식은 교만하게 하며 사랑은 덕을 세우나니. 고전 8:1) 다른 주석이 또 다른 견해를 제시하게 되면 포기할 때도 많다. 행동으로 옮겨야 할 때는 전혀 장점을 찾아내지 못할 때도 종종 있다. 후자에 속한 유형의 지식은 대개 겸손하게 하고, 기쁨을 주고, 하나님께 더 가까이 가게하고, 그리고 쉽게 사라지지 않는다. 하나님으로부터 얻고 난 뒤에는, 그렇게 해서 우리의 마음으로 들어오고 난 뒤에는 우리의 일부가 되어서 전체적으로 행동으로 옮길 수 있게 된다.

묵상하지 않는 성경 읽기는 효과가 없다.
성경을 읽지 않는 묵상 또한 해롭다.
그러므로 물러처럼 기도하고 묵상하며 성경을 읽으라.
그러면 하나님이 당신의 길을 보여주실 것이다.
_ 윌리엄 브릿지

—

# 하나님의 인도하심을
# 확신하는 방법

* * * * *

뮬러는 불과 3백 명에서 1천 명을 수용하는 수준으로 고아원 사역을 확대하려고 생각의 가닥을 잡았다. 그때 뮬러가 하나님의 인도하심을 확신하고, 하나님이 기뻐하시는 뜻을 분별한 방법을 자세히 살펴보는 것은 상당히 큰 교훈이 되고 유익이 될 것이다.

1850년 12월 11일. 내가 중점적으로 기도하는 것은 하나님이 무엇을 생각하고 계시는지 기쁘게 알려달라는 것이다. 나는 이 특별한 요구에 관한 하나님의 뜻을 어느 정도 충분히 파악할 수 있는가에 특히 생각을 집중하고 있는 중이다. 가르침을 받게 될 것이라고 확신한다. 따라서 나는 이 문제에 관해서 하나님이 기꺼이 내 길을 밝혀주시게 될 그분의 때를 인내하면서 기다린다.

# 하나님이 허락하신 차분한 확신

12월 26일. 앞서 기록을 남긴 지 15일이 지났다. 그때 이후로 하루도 거르지 않고 이 문제를 놓고서 기도했다. 그리고 아주 진지하게 하나님의 도움을 구했다. 그 기간 동안 한 시간도 그냥 흘려보내지 않았고, 깨어 있는 동안 이 문제는 내 앞을 조금도 떠나지 않았다. 그렇지만 전혀 흥분되지 않았다. 누구와도 이것에 관해서 대화를 나누지 않았다. 내가 사랑하는 아내와도 지금껏 말하지 않았다. 나는 다른 사람들에게 이 문제를 거론하지 않고 오직 하나님만 상대할 뿐이다. 이는 하나님의 뜻을 분명히 확인하는 과정에서 어떤 외적 영향이나 외적 흥분상태를 멀리하기 위함이다.

나는 하나님이 자신의 뜻을 분명하게 보여주실 것을 어느 때보다 온전히, 그리고 평안하게 확신하고 있다. 저녁에 하나님의 뜻을 구하기 위해서 다시 한번 특별히 진지하게 기도하는 시간을 가졌다. 하지만 이 일 때문에 그릇된 생각을 하지 않도록 주님께 계속 부르짖고 간구하는 동안에도 어떤 결과를 얻게 될지에 관해서, 심지어 계속해서 이렇게 기도해야 하더라도 내 마음속에는 어떤 의심도 거의 찾아볼 수 없었다고 말할 수 있다.

그렇지만 지금은 내가 밟아온 단계들 가운데 가장 중요한 순간이기 때문에 아주 많이 조심하고 기도하고 생각하는 것으로는 이 문제를 진척시킬 수 없다고 생각된다. 나는 서두르지 않고 있다. 이것이 하나님의 뜻이라면 하나님의 은총을 힘입어서 이 문제에 관해 한 걸음도 앞으로 나아가지 않거나, 혹은 누구에게도 입을 다물고 몇 년이고 기다릴 수 있다. 반면에 하나님이 바라시는 일이라면 내일이라도 공사에 착수할 수 있다.

이런 평온한 마음, 이 문제에 대해서 내 뜻을 모두 내려놓은 상태, 그것에 관해서 오직 하늘 아버지를 즐겁게 하고 싶은 이런 바람, 내 것이 아니라 오직 하나님의 영광을 구하는 이런 모습, 이런 마음의 상태는 내 마음이 육신적인 흥분과 무관하고, 이렇게 지속하도록 도움을 받으면 하나님의 뜻을 충분히 알 수 있다는 확신을 갖게 한다. 하지만 이렇게 글을 쓰는 동안에도 하나님께 더욱더 자주 활용할 수 있는 명예와 영광스러운 특권을 갈망하고 있음을 동시에 덧붙이지 않을 수 없다. 나는 어린 시절에 사탄의 종노릇을 할 때도 많았지만 이제는 지상의 남은 여정을 내 능력을 다해서 하나님을 섬기고 싶다.

나는 45년 3개월 동안 살아 왔다. 내가 지상에서 머물러야 할 날짜는 매일 줄어들고 있다. 그 때문에 나는 사역에 모든 힘을 쏟고 싶다. 수많은 고아가 도움을 기다리고 있다. 하나님이 여전히 나의 기도를 듣고 응답하시는 것과 그분이 영원히 그랬고, 그리고 앞으로 영원히 그렇듯이 지금도 살아계신 하나님이라는 사실을 더욱 확실하게 보여주시기를 소망한다. 그때 하나님은 기도에 대한 응답만으로도 7백 명의 고아를 위한 거처와 부양할 수 있는 재정을 베풀어주실 것이다.

이 마지막 부분을 가장 중요한 것으로 간주하고 있다. 이 모든 문제에 있어서 일차적으로 하나님의 영광이 가장 중요하다. 그리고 이것은 그 경우에 해당하기 때문에 이 사업을 진행하지 않는 게 하나님께 더 큰 영광이 된다면 그분의 은총에 힘입어서 또 다른 고아원을 운영하겠다는 생각을 완벽하게 포기할 것이다. 하늘에 계신 내 아버지는 성령이 허락하신 이와 같은 마음 상태 때문에 자신의 자녀가 실수하지 않게 하시니 착각 역시 그렇지 않겠는가! 하나님의 도움을 받아 매일매일 이 문제를 놓고 기도하면서 그분이 나의 행동을 지도하실 때까지 계속해서 기다릴 것이다.

## 하나님을 신뢰하라

1851년 1월 2일. 앞의 일기를 기록한 지 한 주가 지났다. 한 주 내내 고아원을 하나 더 운영하는 것을 놓고서 하루도 거르지 않고 하나님의 은총에 의지하면서 매일 한 차례 이상 주님의 인도하심을 구했다. 기도 제목은 여전히 하나님이 놀라운 자비하심으로 실수를 범하지 않도록 지켜달라는 것이었다. 지난 주간에 정해진 순서에 따라서 잠언을 읽다가 기도 제목과 관련해서 다음 구절을 통해 새로운 용기를 얻게 되었다. "너는 마음을 다하여 여호와를 신뢰하고 네 명철을 의지하지 말라. 너는 범사에 그를 인정하라. 그리하면 네 길을 지도하시리라"(잠 3:5-6).

　나는 하나님의 은총 덕분에 내 모든 길, 특히 이런 문제에 관해서 주님을 인정한다. 따라서 주님은 이런 나의 사역, 특히 고아원을 확대하는 문제에 전념해야 할지의 여부에 대해 내 길을 인도해주실 것을 넉넉히 확신한다. 다음 구절 역시 힘이 되었다. "정직한 자의 성실은 자기를 인도하거니와 사악한 자의 패역은 자기를 망하게 하느니라"(잠 11:3). 하나님의 은총 덕분에 나는 정직하게 이 사업을 진행하고 있다. 나의 가장 거룩한 목적은 하나님께 영광을 돌리는 것이다. 따라서 나는 올바로 인도해주실 것이라고 믿는다.

　성경은 또 이렇게 말한다. "너의 행사를 여호와께 맡기라. 그리하면 네가 경영하는 것이 이루어지리라"(잠 16:3). 나는 내 행사를 주님께 맡기고 있다. 따라서 내 경영이 이루어질 것이라고 믿는다. 주님이 고아원 사역에서 나를 아직 더 사용해주실 것이라는 고요하고 차분하고 흔들림 없는 확신이 마음속에서 한층 더 강해지고 있다. "여호와여 말씀하옵소서"(삼상 3:9-10).

## 평안한 결정

　물러는 7백 명의 고아들을 위해서 또 다른 고아원을 운영해서는 안 되는 여덟 가지 이유와 그렇게 해야 할 여덟 가지 이유를 기록했다. 다음의 내용은 그 사업을 찬성하는 마지막 이유이다.

사역의 확대를 계획하는 과정에서 이전에 그런 일을 하게 되었을 때와 마찬가지로 영적으로 평안하고 기쁘다. 나는 이것을 계속해서 사업을 진행해야 할 근거로 간주하고 있다. 어쨌든 대략 8주 동안 그 문제에 관해서 차분하고 고요하게 기도하는 마음으로 검토하니 사역을 확대하겠다는 목적이 평안하고 기뻤다. 내 생각을 샅샅이 살피고, 이 문제에 관해서 착각하거나 실수하지 않도록 매일 기도하고, 하나님의 말씀을 성실하게 읽고 난 뒤에 나는 하나님이 자신의 사역에 더 많이 사용하시려고 겸손하게 만들 생각이 아니라면 평안과 기쁨을 허락하시지 않았을 것이라고 생각하게 되었다.

그러므로 나는 반대하는 주장에 대한 답변과 고아원 사역의 확대를 찬성하는 이 여덟 가지 이유가 유효하다는 것을 근거로 삼아, 하나님의 가난하고 가장 무가치한 종인 내가 간절히 기대하는 것처럼 이 사역을 통해 그분을 보다 폭넓게 섬기는 게 복된 하나님의 뜻이라는 결론에 도달하게 되었다.

5월 24일. 1850년 12월 5일에 내가 생각하는 내용을 기록하기 시작한 때부터 오늘에 이르기까지 가정이 필요한 92명 이상의 고아들이 신청을 접수했고, 78명은 이미 허가를 기다리고 있는 중이다. 하지만 고아원 사업이 더 많이 알려질수록 이 숫자는 급속히 늘고 있다.

위에 기록한 내용을 기초로 나는 이 사역을 계속 진행하고, 7백 명의 고아들을 수용할 수 있을 정도의 규모로 또 다른 고아원을 건립함으로써 살아계신 하나님을 찬양하고 영광을 돌리려고 노력할 것이다.

## 하나님의 뜻을 분별하는 법

63년간 고아원을 운영하며 1만 명 이상의 고아들을 돌보는 일에 헌신한 뮬러는 평생 150만 파운드라는 엄청난 금액을 관리했다. 그 금액 가운데 일부는 고아원의 운영비로, 또 일부는 교육과 성경을 배부하는 비용으로, 그리고 일부는 허드슨 테일러를 비롯한 해외선교사들의 후원비로 사용했다. 하지만 그가 사후에 남긴 재산은 고작 160파운드뿐이었다. 어마어마한 금액을 관리하면서도 그가 두 번 다시 어린 시절의 잘못을 반복하지 않은 비결은 하나님의 뜻이 무엇인지 분별할 수 있는 능력에 있었다. 그는 하나님의 뜻을 분별하는 방법을 이렇게 소개한다.

첫째, 자신의 뜻을 내려놓으라.

처음부터 어떤 문제에 대해서 자신의 뜻이 전혀 반영되지 않은 마음의 상태를 유지하려고 노력한다. 사람들은 대개 열이면 아홉이 이 대목에서 어려움을 겪는다. 그것이 어떤 문제이든지 우리가 하나님의 뜻을 따를 수 있는 준비가 될 때 어려움은 열이면 아홉이 해결된다. 누군가 진정으로 이런 상태에 도달하게 되면 하나님의 뜻이 무엇인지 알기 전까지는 대개 좁은 길이 존재할 뿐이다.

둘째, 감정을 믿지 말라.

자신의 뜻을 내려놓았다면 감정이나 단순한 인상의 결과를 방치하지 않는다. 만일 그랬다가는 자칫 엄청난 망상을 자초할 수 있다.

셋째, 성령과 말씀을 의지하라.

하나님의 말씀을 통해서, 혹은 그 말씀과 연계해서 하나님의 영이 어떤 의도를 가지고 계신지 확인하려고 노력한다. 성령과 말씀은 서로 결합되어야 한다. 말씀 없이 성령만 의지하면 엄청난 망상을 자초할 수도 있다. 성령이 조금이라도 우리를 인도하시면 성경과 일치된 행동을 하고, 그것과 전혀 어긋나지 않는다.

넷째, 상황을 고려하라.

섭리가 작용하는 상황을 고려하라. 상황을 하나님의 말씀이나 성령과 연계하면 그분의 뜻이 쉽게 드러날 때가 종종 있다.

다섯째, 하나님께 뜻이 무엇인지 알려달라고 기도하라.

하나님의 뜻을 바르게 알 수 있도록 계시해달라고 약속의 말씀을 붙잡고 기도로 간구한다.

이렇게 하나님께 기도하고 말씀을 공부하고 성찰하게 되면 최고의 능력과 지식을 동원해서 신중하게 판단한다. 그러고 나서도 마음이 평안하고, 두세 번 더 간구하고 난 뒤에도 마찬가지라면 그렇게 추진한다. 이 방법은 문제가 사소한 것이든 아니면 아주 중요한 것이든 간에 가리지 않고 언제나 효과적이었다.

"

하나님은 우리가 자신의 음성에 귀를 기울이면서 간구할 때
우리에게 귀를 기울이신다. 우리가 특별한 간구를 할 때는
특별히 호소해야 할 언약에 의지해야 하는 것은 물론,
우리의 삶 전체가 말씀의 주권에 순종해야 한다.
즉 말씀이 우리 안에 거해야 하는 것이다.
이것에 관한 조지 뮬러의 간증은 아주 탁월하다.
그는 하나님 말씀의 진정한 자리를 발견하는 방법과
그것에 관한 성령의 가르침을 통해서 어떻게 자신의 영적생활이
새롭게 시작되었는지 보여준다. _ 앤드류 머레이

"

S·E·C·T·I·O·N 7

—

# 하나님을
# 움직이는 비결

* * * * *

1875년 10월 9일에 물러는 언제나 하나님을 의지할 수 있는 능력을 갖는 데 도움을 줄 수 있는 네 가지 중요한 요소에 관해서 기록했다.

이 고아원 사역은 42년간 지속되었다. 해마다 한 개, 혹은 그 이상의 부서들이 확대되었지만 하나님은 실수하는 법 없이 필요한 설비를 언제나 공급해주셨다. 우리가 참여하는 고아원 사역이 하나님의 일이라면, 우리가 그분의 이 일을 수행할 수 있는 사람들이라면, 우리가 그분의 이 일을 영광스럽게 수행해야 할 때가 되었다면, 그리고 그와 동시에 우리에게 도움을 주실 수 있는 그분의 능력과 생각을 신뢰하고 있다면 우리의 필요가 어찌 공급되지 않을 수 있겠는가! 하지만 이 네 가지의 서로 다른 내용을 자세하게 검토할 필요가 있다.

## 하나님의 일

제일 먼저 우리는 우리가 참여하는 고아원 사역이 정말 하나님의 일인지, 그리고 실제로 그렇게 받아들여지고 있는지 확인해야 한다. 나는 사람들이 어떤 악한 것과 접촉하는 것을 막기 위해서 다른 악한 것으로 대치하는 과정을 목격했기 때문에 이 부분을 강조한다. 일부 사람들이 보기에 이런 것들이 덜 불쾌할 수도 있겠지만 그것들은 하나님의 일이라고 부를 수 없을 정도이다. 그렇다면 그런 상황에서 어떻게 하나님의 도움을 기대할 수 있겠는가?

## 하나님의 사람

계속해서 우리는 이 고아원 사역, 즉 실제로 하나님의 일에 참여할 수 있는 사람이라는 것을 확증해야 한다. 우리는 우리 것이 아니라 주 예수 그리스도의 보혈을 "값으로 산 것"(고전 6:19-20)이기 때문이다. 그러므로 우리는 우리의 시간, 우리의 재능, 혹은 우리의 신체, 정신, 그리고 영적 능력을 기분 내키는 대로 허비할 수 없다. 우리는 하나님이 그런 방식으로 참여하게 하고 싶어 하시는지 파악하려고 노력해야 한다.

## 하나님의 시간

그런데 이것만으로는 충분하지 않다. 우리는 계속해서 인내하면서 하나님을 기대하고 그분의 손길을 지켜보면서 그분의 이런 일을 수행할 때가 되었는지 확인하려고 해야 한다. 이 두 가지 사항은 성전 건축에 관한 성경의 내용에서도 분명히 확인할 수 있을 만큼 중요하다. 성전을 건축하는 일은 선한 사업이고 여호와의 뜻과 정확히 일치하지만 다윗이 성전을 건축하고 싶어 할 때는 이 일을 수행해야 할 하나님의 때가 미처 도래하지 않았다. 건축할 수 있는 사람도 다윗이 아니라 그의 아들 솔로몬이었다.

## 하나님의 자원

끝으로 고아원 사역이 하나님의 일이고 우리가 이 사역에 참여할 수 있는 사람들이라고 가정해보자. 그뿐만 아니라 하나님이 정해 놓은 시간이 도래해서 우리가 그분의 일에 참여해야 할 때가 되었다고 가정해보자. 이제 우리가 필요한 모든 도움을 받으려면 하나님을 신뢰해야 한다. 우리가 그렇게 하지 않는다면 일이 제대로 해결될 것이라고 어떻게 기대할 수 있을까? 그리고 브리스톨의 고아원 사역에 참여하는 우리가 주님께 기대하는 필수적인 자원은 우리가 필요로 하는 것에 턱없이 부족하다는 사실을 여기에 기록해둔다. 우리는 여러 가지 어려움에 대해서 하나님께 끊임없이 자문과 지도를 구하지 않을 수 없다. 하나님의 지속적인 지도를 받지 않으면 우리는 실수하거나 잘못된 길로 가게 될 뿐이다.

"

조지 뮬러는 어떤 기도의 내용도 소홀히 여기는 법이 없었다.
하나님은 어떤 기도의 내용도 소중하게 간주하시기 때문이다.
뮬러는 어떤 경우에도 결코 기도를 멈추려고 하지 않았다.
_아더 피어슨

"

# 기도의 사람을 만드는
# 기도 수칙

* * * * *

조지 뮬러는 자신의 저서 「일화」를 비롯한 여러 글을 통해서 그리스도인이 어떤 자세로, 무엇을 기대하면서 하나님께 간구하고 기도해야 하는지 구체적인 지침을 제시했다. 기도에 관한 뮬러의 글은 글쓰기를 위한 글이 아니라 직접적인 경험에 근거하고 있어서 기도의 사람이 되는 데 상당히 큰 도움이 된다.

끈기 있게 기도하라.

나는 29년간 어떤 영적인 축복에 관해서 기도의 응답을 기다려 왔다. 하루도 거르지 않고 이 축복을 놓고 계속해서 기도할 수 있었다. 집 안에서나 밖에서나, 국내에서나 해외에서나, 건강할 때나 몸이 불편할 때나, 아무리 많은 일에 시달려도 날마다 하나님의 도움을 받아가면서 이 문제를 그분 앞에 가져갈 수 있었지만 여전히 충분히 응답받지 못했다.

그런데도 나는 그것을 기대하고 있다. 나는 확신을 갖고서 그것을 기대한다. 29년간 하루도 거르지 않고 인내하고 믿으면서 계속해서 하나님의 축복을 기대할 수 있게 하셨다는 사실 때문에 여전히 계속해서 기다릴 수 있는 용기를 얻고 있다. 그리고 완전하게 응답받기 이전에도 이 문제 때문에 이따금 찬양하게 하셨으니 하나님이 귀를 기울이시고 마침내 기도에 응답하실 것이라고 확신한다. 그러니 여러분은 내가 해마다 수백 번, 혹은 수천 번씩 응답을 받았지만, 나 역시 여러분이나 다른 사람들처럼 어떤 문제에 대해서는 믿음의 시험을 받고 있음을 알게 될 것이다.

기도로 불안을 이기라.

우리 주 예수 그리스도 안에 있는 모든 성도가 고아원이나 가난한 가정에서 생활하는 어린이들을 위해서 학교를 운영하거나 후원하는 문제 때문에 하나님을 신뢰하도록 부름을 받은 것은 아니지만, 늘 관심을 보이시는 하나님의 뜻에 따라서 모든 성도는 어떤 염려든지 그분에게 맡길 수 있고, 또 그렇게 맡기는 게 당연하다. 그렇게 하고 난 뒤에는 하나님이 말씀하신 것처럼 아무것도 염려할 필요가 없다(벧전 5:7, 빌 4:6, 마 6:25-34).

우리 하나님은 끝이 없으시다. 그분은 몇 번이고 공급하실 수 있다. 그분은 내가 처한 상태를 잘 알고 계신다. 그러니 장차 부족해질 것을 염려하게 만드는 것을 멀리하는 이런 생활방식이 오히려 염려를 피하게 하는 도구가 된다. 이런 생활방식은 내 마음이 차가워질 때 은혜의 역사를 되살리는 도구가 되어주었다. 그리고 내가 잘못을 범하고 난 뒤에도 주님에게 다시 돌아갈 수 있는 도구가 될 때도 있었다. 죄 안에 살면서 동시에 하나님과의 교제를 통해서 현재 생활에 필요한 모든 것을 하늘로부터 전달받는 것은 해서도 안 되지만 할 수도 없는 일이기 때문이다. 기도를 통한 응답은 내 영혼을 일깨우고 말할 수 없는 즐거움을 충만하게 하는 도구가 되어주었다.

어느 형제의 집에서 서너 명의 성도들을 만났다. 그 자리에서 어느 자매는 내가 다른 사람들에게 필요한 것들을 공급하는 문제 때문에 힘들어하고 있는 것은 아닌지 가끔씩 염려될 때가 있다고 했다. 이런 일이 처음 있는 것은 아니라서 하나님의 은총 덕분에 조금도 걱정하지 않는다고 말했다. 내가 돌보는 어린이들을 하나님께 맡긴 지 이미 오래이다. 모든 일은 하나님의 몫이라서 나는 그 사역에 관해 걱정하지 않는다. 내게 부족한 것이 무엇이든지 간에 이 시점에 내가 할 수 있는 것은 하나님의 은총에 힘입어서 그 짐을 하늘에 계신 아버지께 맡기는 것이다.

기도로 하나님과 교제하라.

우리 주 예수님만을 의지하는 모든 사람이 삶 속에서 겪는 더없이 사소한 문제는 물론이고 마음에 품고 있는 모든 생각까지 일일이 관심을 갖고 있는 살아계신 하나님 아버지를 모시고 있다는 것이 얼마나 소중한 일인지 모른다! 사랑하는 여러분은 살아계신 하나님을 알고 있는가? 예수님 안에서 그분을 여러분의 아버지로 모시고 있는가? 기독교는 형식이나 신조, 그리고 의식 그 이상이다. 우리의 거룩한 신앙에는 생명과 능력과 진실함이 있다. 여러분 가운데 아직 이것을 알지 못하는 이가 있다면 와서 직접 맛을 보라. 다음의 구절들을 묵상하고 기도하기를 진심으로 권한다.

"하나님이 세상을 이처럼 사랑하사 독생자를 주셨으니 이는 그를 믿는 자마다 멸망하지 않고 영생을 얻게 하려 하심이라"(요 3:16).

"네가 만일 네 입으로 예수를 주로 시인하며 또 하나님께서 그를 죽은 자 가운데서 살리신 것을 네 마음에 믿으면 구원을 받으리라. 사람이 마음으로 믿어 의에 이르고 입으로 시인하여 구원에 이르느니라"(롬 10:9-10).

"그에 대하여 모든 선지자도 증언하되 그를 믿는 사람들이 다 그의 이름을 힘입어 죄 사함을 받는다 하였느니라"(행 10:43).


말씀을 따라서 기도하라.

기도와 믿음은 부족한 것과 어려운 것을 남김없이 해결할 수 있는 보편적인 해결 방법이다. 기도와 믿음, 그리고 하나님 말씀에 충실하면 할수록 어떤 어려움이든지 극복하도록 도움을 받을 수 있다.

나는 69년 4개월 전부터 지금까지(1896년 3월) 하나님 말씀에 담긴 성령의 교훈을 통해서 하나님의 뜻을 진심으로, 그리고 인내하면서 뒤따르지 않은 적이 단 한 번도 없었다. 나는 항상 바른 길로 인도받았다.

하지만 마음이 진실하지 않았거나 하나님 앞에서 의롭지 못했더라면, 인내하면서 하나님의 가르침을 기대하지 않았더라면, 살아계신 하나님 말씀에 대한 동료들의 조언을 받아들이지 않았더라면 커다란 실수를 범했을 것이다.


은밀하게 기도하라.

도움을 구하기 위해 자신의 약점을 하나님께 거듭해서 내어놓지 않으면 드러나지 않는 내적인 잘못을 해결할 수 있는 방법은 전혀 없다. 다른 사람들과 함께 기도하거나, 혹은 형제들과 대화하는 것도 은밀한 기도를 대신하지 못한다.


먼저 기도하라.

하나님의 사역 그 자체가 우리 영혼에 무엇보다 큰 도움을 주는 하나님과의 교제를 가로막는 올무가 될 수도 있다. 대중기도로 가장 친밀한 교제를 대신할 수 있는 사람은 아무도 없다.

성공의 위대한 비결은 이렇다. 최선을 다해서 일하라. 하지만 스스로의 공적을 조금이라도 의지해서는 안 된다. 하나님으로부터 축복받을 수 있도록 최선을 다해 기도하라. 하지만 그와 동시에 있는 힘을 다하고, 가능한 한 인내하고 참으면서 일해야 한다. 먼저 기도하고 나서 일하라. 그렇게 한평생 노력하라. 그러면 마침내 놀라운 축복을 누리게 될 것이다. 결실은 많고 적을 수 있지만 그런 자세로 노력하면 축복받게 될 것이다.

모든 일이 자신의 노력에 달려 있는 것처럼 주님을 역시 알려야 한다. 하지만 여러분의 노력이 결실을 거두게 하시는 주님 안에서 동료와 동료 그리스도인들을 도와주어야 한다. 하나님은 즐겨 축복하시지만 대개는 진심이 담긴 믿음의 기도에 근거하신다는 사실을 명심해야 한다.


기도의 내용을 기록하라.

나는 하나님이 은혜를 베푸셔서 응답하신 사례들을 소중하게 기억하는 것이 또 하나의 커다란 축복이라는 것을 깨달았다. 사실 나는 응답받을 때마다 하나님의 은혜를 잊지 않도록 늘 기록해둔다. 사랑하는 형제자매여, 진심으로 충고한다. 작은 공책을 준비해서 기도 일기를 기록하라. 공책의 왼쪽에는 기도를 시작한 날짜와 기도제목을 기록하고 오른쪽은 그냥 남겨두었다가 기도의 응답을 받았을 때 그 내용을 자세하게 기록하라.

그러면 기도의 응답을 얼마나 받았는지 쉽게 알 수 있고, 그 기록을 보면서 더욱 용기를 얻게 된다. 그리고 믿음이 더 강해지며, 특별히 하나님이 얼마나 은혜롭고 자비롭고 사랑이 풍성한 분이신지 알 수 있게 된다. 당신의 영혼은 하나님에 대한 사랑으로 더욱 가득 차게 될 것이다.

—

# 말씀 묵상과 일찍 일어나는 것에 관한 조언

＊　＊　＊　＊　＊

조지 뮬러는 기도와 말씀을 읽는 것에 관한 교훈은 물론이고 그리스도인의 생활 전반에 관한 다양하고 소중한 조언을 아끼지 않았다. 그의 조언은 언제나 자신의 직접적인 경험에 바탕을 두고 있기에 반드시 한 번쯤 되새겨야 할 정도로 매우 유용하고 소중하다.

플리머스에 머무는 동안 나는 다시 일찍 일어나게 되었다. 이후로 나는 이 축복의 결실을 잃어버린 적이 없었다. 그렇게 습관을 익히게 된 것은 내가 묵었던 집 주인 형제가 보여준 모범과 레위기에 기록된 희생제사에 관한 말씀 때문이었다. 부정한 짐승을 하나님께 번제로 바칠 수 없는 것처럼(기쁘게 받으심이 되도록 소나 양이나 염소의 흠 없는 수컷으로 드릴지니 흠 있는 것은 무엇이나 너희가 드리지 말 것은 그것이 기쁘게 받으심이 되지 못할 것임이니라. 레 22:19-20) 우리가 하나님과 교제를 나누면서 우리에게 허락된 시간 가운데 가장 나쁜 부분을 드릴 수는 없다.

과거에 나는 대체로 일찍 일어나는 사람 축에 끼었다. 하지만 이 것저것 신경 쓸 일이 많아지면서 낮에 능력껏 충분히 일했으니 머리 가 더 많이 휴식을 취할 수 있도록 일찍 일어나지 않는 게 최선이라 고 생각했다. 몸의 상태가 좋지 않아서 6시와 7시 사이에 겨우 일어 났고, 어쩌다가 7시를 넘겨서 일어날 때도 있었다. 같은 이유로 나 는 저녁식사를 하고 나서 15분이나 30분 뒤에 굳이 잠자리에 드는 습관을 가졌다. 머리를 휴식하게 하는 것이 건강에 도움이 된다고 생각했기 때문이다. 그렇지만 이런 습관 때문에 영적으로는 매일 조 금씩, 그리고 어느 때는 심각할 정도로 어려움을 겪게 되었다. 기도 하고 말씀을 읽는 데 충분한 시간을 갖기도 전에 시급히 처리해야 할 일이 몰려오곤 했기 때문이다. 내가 넌지시 건넸던 비난을 접하 고 나서는 몸이 아무리 고달파도 하루 가운데 가장 소중한 순간을 더 이상 침대에서 보내지 않겠다고 결심했다.

하나님의 은총 덕분에 바로 다음 날부터 일찍 일어나게 되었다. 그때 이후로 줄곧 일찍 일어나고 있다. 요즘에는 대략 7시간 정도 잔다. 몸 상태가 그리 좋지 않고 정신적으로 피곤할 때가 많지만 기 운을 회복하기에는 아주 충분한 것 같다. 늦잠을 자는 것 이외에도 저녁식사를 하고 나서 잠드는 버릇도 고쳤다. 그 덕분에 아침식사

전까지 기도와 묵상의 시간을 길게 가질 수 있게 되었다. 몸, 특히 신경계통의 상태는 이전보다 더 좋아졌다.

사실 신경계통이 좋지 않았을 때 내가 무엇보다 잘못한 일은 건강할 때보다 한 시간, 혹은 그 이상을 누워 지낸 것이었다. 바로 그 잘못된 습관으로 인해 건강을 더 해쳤기 때문이다. 이 책이 일찍 일어나는 습관을 갖지 못한 하나님의 자녀들에게 전해질 수도 있으니 이 주제와 관련해서 몇 마디 더 추가하겠다.

첫째, 어느 정도의 휴식시간을 가져야 하는지 궁금할 수 있다. 보편적으로 적용할 수 있는 규칙은 없다는 게 정답이다. 모든 사람이 같은 양의 수면시간을 필요로 하지 않을 뿐더러 같은 사람이라고 해도 시간마다 몸의 좋고 나쁜 상태에 따라서 가감해야 하기 때문이다. 하지만 의사들의 의견을 종합해 보니 건강한 남성은 수면시간을 6시간에서 7시간 이상을 가질 필요가 없고, 여성은 7시간에서 8시간이 적당하다는 것을 알게 되었다. 남성이 7시간 이상, 그리고 여성이 8시간 이상 잠을 자는 것은 오히려 이례적인 일이 될 수 있다는 것이다.

하지만 그와 동시에 하나님의 자녀가 너무 적게 수면을 취해서는 안 된다는 게 나의 최종적인 부탁이다. 남성이 6시간 이하로 잠을 자면서도 여전히 몸과 마음이 건강한 사람이 거의 없고, 여성이 7시간 이하로 잠을 자면서 견딜 수 있는 사람이 많지 않기 때문이다. 나는 대학교에 입학하기 전까지 한동안 규칙적으로 10시에 잠자리에 들었다가 4시에 일어나서 부지런히 공부하고 건강을 유지했다. 1839년에 플리머스를 방문한 이후로는 수면을 7시간으로 제한하고 있는데, 침대에서 8~9시간을 보낼 때보다 몸 상태도 그렇고, 특히 신경계통이 좋아졌다.

둘째, 어째서 일찍 일어나야 하는지 묻는다면 지나친 수면은 시간을 낭비하는 것이기 때문이라고 대답할 수 있다. 예수님의 보혈로 값을 치른 성도는 이런 버릇을 용납해서는 안 된다. 우리의 모든 시간과 모든 소유는 하나님을 위해서 사용해야 한다. 만일 몸이 원기를 회복하는 데 필요한 그 이상으로 수면을 취하고 있다면 하나님의 영광과 우리의 이익, 그리고 우리 주변의 성도와 불신자를 위해서 사용하도록 허락받은 시간을 허비하는 것이다.

나는 침대에서 너무 많은 시간을 보내는 것은 몸에 해롭다고 생각한다. 음식을 너무 많이 먹어도 몸에 해가 되는 것처럼 지나치게 자는 것 역시 해롭기는 마찬가지다. 의료계에 종사하는 이들은 몸이 기운을 되찾는 데 필요한 것보다 더 오래 잠을 자면 건강에 해롭다는 사실에 선뜻 동의할 것이다.

게다가 오랫동안 잠자리에 있는 것은 영혼에도 도움이 되지 않는다. 하루의 가장 소중한 순간을 기도와 묵상에 활용하지 못하게 할 뿐 아니라 여러 가지 잘못을 범하게 할 수 있기 때문이다. 누구든지 아침식사 전에 한두 시간, 혹은 세 시간 정도 방이나 집 밖에서 성경을 가지고서 기도하고 묵상하며 보내는 것을 반드시 실험해 볼 필요가 있다. 그러면 얼마 지나지 않아서 일찍 일어나는 게 사람에게 내적으로나 외적으로 도움이 된다는 사실을 깨닫게 될 것이다. 앞으로 이 책을 읽게 될 테지만 일찍 일어나는 습관을 갖지 못한 모든 형제자매에게 이것을 시도해보라고 간절히 권한다. 그러면 그것 때문에 주님을 찬양하게 될 것이다.

끝으로, 일찍 일어나는 것을 어떻게 시작해야 할지 묻는다면 당장 시작해 보라고 권하고 싶다. 내일부터 일찍 일어나기 시작하라. 그렇다고 해서 자신의 능력을 과신해서도 안 된다. 과거에 일찍 일어나려고 시도했다가 포기한 것도 아마 이런 이유 때문일 것이다. 이런 문제 때문에 자신의 능력을 의지하게 되면 당연히 그 어떤 소득도 거둘 수 없다. 선한 일마다 우리는 주님을 의지하게 되는데, 이런 일을 통해서 우리는 자신이 얼마나 약한 존재인지 깨닫게 된다. 기도하고 묵상하는 시간을 가지려고 잠을 물리치고 일찍 일어나는 사람은 사탄이 방해하고 싶어 한다는 사실을 반드시 명심해야 한다.

이런 문제 때문에 하나님의 도움을 기대하게 되면 그분이 영광을 받으실 것이다. 기도로 도움을 간구하고 도움을 기대하면 응답받을 것이다. 하지만 이외에도 다음 내용을 실천할 필요가 있다. 즉 일찍 잠자리에 들어야 한다. 늦게 자면 일찍 일어나지 못한다. 사람들과 어울리는 것 때문에 일찍 자는 습관이 깨지지 않게 해야 한다. 일찍 잠자리에 들지 못하면 몸은 반드시 휴식을 취해야 하기 때문에 일찍 일어날 수도 없고, 또 그렇게 해서도 안 된다.

의학계에 종사하는 이들도 아침시간을 침대에서 보내는 게 얼마나 해로운지, 그리고 하루의 일과가 시작되기 전에 기도와 묵상시간을 확보하기 위해서 일찍 자고 일찍 일어나는 게 얼마나 중요한지 일러줄 것이다. 몸과 정신이 어느 때보다 활기찰 때 영적인 훈련에 힘쓰는 것은 정말 중요하다. 이것을 통해서 갈등이나 시험, 그리고 하루의 업무를 감당할 수 있는 영적인 능력을 획득할 수 있다.

가능하면 누군가를 시켜 하나님 앞에서 결심한 기상시간에 맞추어 깨워달라고 할 수도 있다. 이보다 훨씬 좋은 방법은 일어나고 싶은 순간을 거의 분 단위까지 조절할 수 있도록 자명종 시계를 구입하는 것이다. 나는 기도에 응답받아서 기상하고 싶은 바로 그 순간에 주님이 직접 깨워주실 때도 많았지만 자명종 시계를 구입해서 일어나고 싶을 때 일어나는 게 좋다고 생각한다.

"

여호와여 아침에 주께서 나의 소리를 들으시리니
아침에 내가 주께 기도하고 바라리이다(시 5:3).

"

# 영적인 성숙을 위한
# 영적 잠언

＊　＊　＊　＊　＊

뮐러는 그의 저서 「일화」를 통해 신앙생활에 도움이 되는 여러 가지 유용한 교훈을 소개했다. 그 내용을 조심스럽게 읽고 활용하면 소중한 영적인 권면과 조언을 얻을 수 있다. 간단하지만 깊이 있는 지혜를 뮐러는 이렇게 소개한다.

그리스도인의 약속

다양한 자리에서 기회가 있을 때마다 언급했듯이 사업에 종사하는 형제들은 약속을 지키는 문제에 관해 그다지 주의를 기울이지 않는 것 같다. 나는 우리 주 예수님을 사랑하고, 그리고 사업에 힘쓰는 이들에게 하나님의 영광을 가리지 않도록 지킬 수 있는 약속만 하도록 권하고 싶다. 따라서 약속을 어기는 일이 없도록 약속하기에 앞서 모든 상황을 꼼꼼히 따져보는 게 중요하다.

이런 사소한 일상의 일 때문에 하나님께 영광을 돌릴 수도 있고 그렇지 않을 수도 있다. 불신자들은 의외로 이런 일에 관심을 가질 때가 많다. 세상의 기준이나 근거로 '그리스도인들은 나쁜 일꾼, 나쁜 사업가, 나쁜 주인들'이라는 비판을 자초해야 할 이유가 있을까? 기도와 믿음을 통해서 하나님으로부터 필요한 모든 은혜, 지혜, 그리고 능력을 전달받는 우리가 나쁜 일꾼, 나쁜 사업가, 그리고 나쁜 주인이 되는 것은 결코 옳지 않은 일이다.

## 여행에 관해서

은총은 삶을 변화시킨다. 나보다 여행을 더 좋아하고 새로운 장소를 구경하는 일에 힘쓰는 사람도 그다지 많지 않을 것이다. 하지만 하나님의 은총을 통해 주 예수님에게서 아름다움을 경험한 이후로는 여행을 즐기는 버릇을 모두 포기했다. 주 예수님을 섬기기 위해서 여행하는 것과 육신을 즐겁게 하려고 여행하는 것은 얼마나 다른지 모른다.

## 자신이 속한 세대를 섬기는 자세

나의 사역은 내가 속한 세대를 있는 힘껏 섬기는 일이다. 이것은 내가 다음세대로 하여금 주님을 기대하도록 만들 수 있는 최선의 사역이다. 세월이 흐르면 흐를수록 인생이 지상에서 단 한 번 허락되었다는 것, 그리고 추수하는 영원한 시간과 비교하면 씨를 뿌리는 지금의 시간이 짧다는 것을 실감하게 된다.

## 형식적인 삶

나는 기회가 있을 때마다 형식적인 믿음이 끼치는 해로운 영향을 지적한 바 있다. 그것은 다른 사람들의 모습을 통해서 확인할 수 있고, 습관으로 굳어질 수 있고, 속마음과 달리 겉으로 드러나는 자기부정의 행위에서 확인할 수 있기 때문이다. 겉으로 꾸미는 행위들은 내부에서 강력하게 진행되는 성령의 역사와 무관할 뿐더러 성부와 성자와의 즐거운 사귐과도 거리가 멀다.

거룩한 것들을 형식이나 습관, 혹은 관습만으로 대하는 것은 어떻든지 피하는 게 중요하다. 우리가 목표로 삼아야 할 것들은 삶, 능력, 현실이다. 그런 것들은 외부가 아니라 내부에서 생겨나는 일들이다. 내가 입는 옷, 내가 살고 있는 집, 내가 사용하는 괜찮은 가구들은 외적으로 자랑하는 사람들이 제공한 게 아니다. 소박해서 화려한 것을 추구하지 않는 형제들에게 신세를 지고 있다. 세상을 포기하고 자기를 부정하고 세상에 대해 전혀 관심을 갖지 않을 때 우리는 하나님 안에서 즐거움을 누리고 하나님의 자녀라는 사실을 깨닫게 된다. 그리고 소중한 미래의 유산에 참여할 수 있게 된다.

우리로 하여금 어떤 행동을 하게 해서 나중에 후회하게 하는 영향력 있는 사례보다 가만히 서서 다른 이들의 행동을 따라하지 않는 게 훨씬 더 바람직하다. 그렇다고 해서 다른 사람들은 상당한 어려움을 겪고 있는데 자신은 화려하고 방탕한 삶을 지속해야 한다는 뜻은 아니다. 우리는 올바른 방향으로, 즉 올바른 마음가짐에서 그 일을 시작해야 한다. 외부적인 것보다는 내부적으로 시작해야 한다. 만일 그렇게 하지 않으면 오래 가지 못할 것이다.

## 서로 돕는 것에 관하여

하나님의 자녀들이 어떤 강력한 죄에 눌려 있거나, 혹은 특별한 어려움을 겪으면서 마음이 점점 차가워질 때 서로에게 마음을 여는 것은 중요하다. 나는 믿음이 가는 형제에게 마음의 문을 열게 되면 강력한 죄 아래 있더라도 사탄의 올무가 얼마나 자주 파괴되고, 어둠이 아무리 강력하더라도 마음이 얼마나 자주 위로받고, 문제 때문에 정신이 없더라도 얼마나 자주 조언을 듣게 되는지 경험상 잘 알고 있다. 우리는 하나님의 동일한 자녀이니 서로 돕는 것은 마땅한 일이다.

## 불안

믿음이 시작되는 곳에서 불안이 끝나고, 불안이 시작되는 곳에서 믿음은 끝난다. "오직 믿기만 하라"는 주님의 말씀을 곰곰이 생각해보라. 하나님께 영광을 돌리고 선한 일을 하기 위해서 주 예수님을 믿는 이들을 하나님이 도와주실 수 있고, 또 기꺼이 도와주신다는 사실을 마음에 단단히 간직하고 믿으면 마음이 차분해지고 안

정될 것이다. 우리가 실제로 하나님의 능력이나 사랑에 대한 믿음을 포기하게 되면 평안은 사라지고 마음이 어수선해진다. 나는 요즘 관여하고 있는 일 때문에 상당한 어려움을 겪고 있다.

하지만 하나님의 능력과 사랑을 기억하기 때문에 평안하고 고요하다. 나는 오늘 아침에 이런 생각을 했다. '다윗이 시글락으로 돌아왔을 때 여호와에게서 용기를 얻었듯이 나도 주님 안에서 용기를 얻게 될 것이다.' 그러자 영혼에 평안이 찾아들었다. 앞이 캄캄해질 때 믿음이 활동을 시작한다. 어려움이 크면 클수록 믿음을 갖기가 더욱 쉬워진다.


## 믿음의 선물과 은총

하나님은 이따금 믿음의 선물(은총이 아니라)을 내게 허락하셔서 마음껏 간구하고 응답을 기대하게 하신다. 내가 보기에 믿음의 선물과 은총은 이런 차이점이 있는 것 같다. 믿음의 선물에 의하면 어떤 문제를 처리할 수 있고, 또 죄를 범하지 않거나 그것을 떠올리지 않으면서 문제가 해결될 것이라고 믿을 수 있다. 그리고 믿음의 은총에 의하면 신뢰하는 하나님의 말씀을 지니고 있으니 죄를 범하지 않거나 그것을 떠올릴 필요가 없다고 생각하면서 문제를 처리하거나, 혹은 문제가 해결될 수 있다고 믿을 수 있다.

가령 믿음의 선물은 몸이 불편한 사람이 인간의 힘으로 회복될 가능성이 없더라도 회복될 것이라고 믿는 데 필요하다. 그것을 실행하겠다는 약속이 없기 때문이다. 믿음의 은총은 먼저 하나님 나라와 의를 구하면 주님이 생명을 유지하는 데 필요한 것들을 허락하신다고 믿는 데 필요하다. 그것을 실행하겠다는 약속이 있기 때문이다. "그런즉 너희는 먼저 그의 나라와 그의 의를 구하라. 그리하면 이 모든 것을 너희에게 더하시리라"(마 6:33).

### 재물의 사용에 관하여

나는 하나님의 일을 맡은 청지기이니 주인의 재물을 낭비할 수 없다. 만일 당신이 부당한 방법으로 재물을 얻게 된다면 지출 역시 사치에 사용되거나 부당하게 사용될 것이다. 나는 나 자신과 가족들의 필요를 채우지 못했지만 생활하는 데 부족함이 없었다. 나의 소유는 늘어나지 않았지만 여러 해 동안 고아원은 크게 발전했고, 내가 청지기의 정신을 계속 유지했기 때문에 낭비하는 일이 없었다. 하나님의 것을 자신의 소유로 만든 이들이 이 땅에는 얼마나 많은지 모른다. 어려운 이들에게 나눠주어야 할 것들을 자기 몫으로 삼고 있는 것이다.

### 하나님의 방식

하나님의 사역에 필요한 재정을 확보하는 것만으로는 부족하다. 이런 재정을 하나님의 방식으로 확보하는 게 중요하다. 불신자들에게 재정적인 도움을 요청하는 것은 하나님의 방식이 아니다. 그리스도인들에게 후원을 강요하는 것 역시 하나님의 방식이 아니기는 마찬가지다. 하나님의 사역에 기여하도록 용납되는 의무와 특권을 반드시 일러주어야 하지만, 이를 위해서 간절한 기도와 믿음의 기도가 뒤따라야 한다. 그러면 결국 바람직한 결과를 얻게 될 것이다.

### 죄를 이기는 능력

우리는 자신을 끝까지 따라다니며 괴롭히는 죄를 이겨낼 수 있는 능력이 필요하다. 어떤 유혹이든지 물리칠 수 있는 능력이 필요하다. 자신과 다른 성도들에게 도움을 줄 수 있는 지혜와 은혜가 필요하다. 믿지 않는 사람들을 주께 돌아오게 할 지혜와 능력이 필요하다. 그러면 이런 능력과 은혜와 지혜를 얻기 위해서 우리는 어떻게 해야 할까? 방법은 오직 성부와 성자와의 교제와 협력뿐이다.

### 축복을 누리는 비결

당신은 하나님 나라와 하나님의 의를 구하는 것을 가장 중요한 일, 일차적인 관심사로 여기고 있는가? 가령 하나님의 이름을 영화롭게 하는 것, 하나님의 교회를 복되게 하는 것, 죄인들이 회개하고 돌아오는 것, 당신의 영혼이 유익을 얻는 것처럼 하나님께 속한 일이 당신 인생의 주요 목표인가? 아니면 직업이나 가족이나 일시적인 염려나 세상에 속한 어떤 것에 모든 주의를 집중하고 있는가? 만일 당신이 후자에 해당한다면 이 세상에서 필요한 모든 것을 소유하고 있다 하더라도 그것을 잃게 되었을 때 놀라지 않겠는가? 세상은 곧 지나가지만 하나님께 속한 것들은 영원히 지속된다는 사실을 명심하라.

### 하나님의 요구

성경은 실제로 우리에게 '모든 것'을 바치도록 요구한다. 그렇지만 우리가 일반적인 의미로 활용하는 이 '모든 것'을 '무엇이든지'로 축소시키고 있는 것은 아닌지 걱정스럽다. 우리는 법 아래에 있는 게 아니다. 그렇다고 해서 그것 때문에 우리의 순종이 부족할 수 있다거나, 혹은 우리가 풍성하게 바치지 않아도 된다는 것은 아니다. 오히려 그것은 법이 요구하는 모든 것을 충족시키고 난 이후에도 새로운 성품은 법이 요구하는 그 이상을 바치면서 즐거워한다는 것이 아닐까? 하나님의 사역을 위해서 더욱더 풍성하게 공급하자.

### 하나님과의 동역

어떤 형제는 8년 전과 동일한 상태로 거의 즐거움을 모를 뿐 아니라 하나님의 일에 관해서 거의 진전이 없었다. 그가 직장에서 그리스도인으로서의 모습을 지키지 못하고 양심과 어긋난 행동을 하고 있기 때문이다. 성경은 우리에게 직업에 투철하라고 권면한다. 하지만 우리는 "하나님과 함께" 그렇게 할 수 있을 뿐이다. "형제들아 너희는 각각 부르심을 받은 그대로 하나님과 함께 거하라"(고전 7:24).

## 하나님을 신뢰하기

사람이나 상황이나 자신의 어떤 능력이 아니라 하나님을 신뢰하기만 하면, 진정으로 하나님을 믿기만 하면 필요한 여러 가지 것을 얻게 될 것이다. 필요를 채우는 것은 상황이나 저절로 떠오르는 생각이나 과거에 기부해 준 손길이 아니라 오직 하나님께 달려 있다. 이것이 바로 축복을 부르는 방법이다. 우리가 말로는 하나님을 신뢰한다고 하면서 실제로 그러지 않으면 하나님은 우리의 불신을 일러 주시게 되고, 그러면 실패를 경험하게 된다. 반면에 우리가 하나님을 진정으로 신뢰하면 진정으로 도움받게 될 것이다.

이전에도 예수님 안에 있는 성도들에게 여러 차례 이것에 관해서 언급하고 걱정거리를 하나님께 내어놓고 언제든지 그분을 신뢰하도록 격려했음에도 대부분이 내가 도움받고 있는 단순한 현실적인 필요를 아직도 못 내려놓고 있다는 현실이 너무나 슬프다. 살아계신 하나님이 더 이상 살아계신 하나님이 아닌 것처럼, 그리고 과거 세대들이나 기도의 응답을 기대할 수 있었고, 지금은 불가능하기나 한 것처럼 생각하고 있다.

## 하나님의 성실하심

하나님은 나를 실망시킨 적이 단 한 번도 없었다. 거의 70년 이상 고아원 사역과 관련된 모든 필요를 빠짐없이 공급하셨다. 고아원에 처음 한 명을 받아들일 때부터 지금 950명이 될 때까지 한 번도

식사를 거른 적이 없었다. 손에 동전 한 닢 없이 하루를 시작한 게 수백 번이었지만 우리 하늘 아버지께서는 실제로 필요한 순간에 공급해주셨다. 건강에 좋지 않은 음식을 먹인 적도 없었다. 지금까지 나는 살아계신 하나님 한 분만 신뢰할 수 있었다. 기도를 통해서 140만 파운드를 응답받았다. 한 해에 5만 파운드가 필요했지만 때가 되니 필요한 것들이 모두 채워졌다.

나는 이 세상에 있는 그 누구에게도 동전 한 닢 구한 적 없었다. 우리는 위원회를 운영하거나 기부금을 모으러 다니지도 않았다. 우리는 믿음의 기도를 통해서 모두 응답받았다. 나는 하나님 한 분만 신뢰한다. 그분에게는 세상 모든 사람의 마음을 움직여서 나를 도울 수 있는 방법이 한두 가지가 아니다. 내가 기도하고 있는 동안에 그분은 이 대륙 저 대륙에 있는 이들에게 도움을 제공하도록 말씀하신다.

하나님께 위대한 일을 기대하면 위대한 일을 경험하게 된다. 그분이 하실 수 있는 일은 끝이 없다. 그분의 영광스러운 이름을 찬양하라! 그분이 행하신 모든 일을 찬양하라! 나는 그분이 6펜스를 여러 번 보내주셨을 때도 찬양했고, 1만 2천 파운드를 보내주셨을 때도 그분을 찬양했다.

응답이 이루어질 때까지 절대 포기하지 않는 게 중요하다. 하나님의 자녀들이 범하는 커다란 잘못은 끈질기게 기도하지 않는 것이다. 그들은 계속해서 기도하지 않는다. 그들은 인내하며 기도하지 않는다. 하나님의 영광을 위해서 무엇인가를 바라고 있다면 그것을 얻을 때까지 기도해야 한다.

나는 여러 차례 낙심하기도 했지만 언제나 하나님을 소망하고 확신했다. 하나님의 언약은 내 영혼을 평안하게 만들었다. 하나님을 신뢰하는 것은 선한 일이며, 하나님 말씀은 결코 헛되이 돌아오는 법이 없다. "내 입에서 나가는 말도 이와 같이 헛되이 내게로 되돌아오지 아니하고 나의 기뻐하는 뜻을 이루며 내가 보낸 일에 형통함이니라"(사 55:11). 하나님은 피곤한 사람에게는 능력을 주시고 무능한 사람에게는 힘을 더하신다. "피곤한 자에게는 능력을 주시며 무능한 자에게는 힘을 더하시나니"(사 40:29).

"

〈개정증보2판 특별수록〉에서는 조지 뮬러도 우리와 같은 성정을 지닌
나약한 인간이었지만, 하나님의 은혜로 기도와 말씀의 사람으로
성장할 수 있었다는 사실을 증거하고자, 조지 뮬러의 회심기를 보충하였다.
아무 별 볼 일 없는 술주정뱅이에 도박꾼이었던 뮬러를 불러
하나님의 사람으로 세우고, 사용하신 하나님의 은혜에
그저 감사할 따름이다. 더불어 우리도 뮬러처럼
기도의 사람으로 쓰임받을 수 있다는 사실에 용기를 얻게 된다.

"

# 술주정뱅이에서 기도의 사람으로
# 뮬러의 회심기

특·별·수·록·1

조지 뮬러의 회심과 새로운 삶

## 죄악으로 점철된 쓰디쓴 젊은 시절

육신에 속한 인간에게는 눈으로 확인할 수 없는 영원한 것이 멀리 있고 희미하지만 눈에 보이는 순간적인 것은 생생하고 구체적이다. 실제로 자연에 속한 물체는 볼 수 있고 느낄 수 있어서 살아 있는 하나님보다 더 현실적인 실제로 보일 수 있다. 하나님과 동행하면서 필요할 때마다 실제적인 도움을 받고, 하나님의 약속을 실제적인 증거로 간주하고 현실의 경험에서 검증하는 모든 사람, 그리고 믿음의 열쇠로 하나님의 신비를 열고 기도의 열쇠로 하나님의 보화를 여는 모든 그리스도인은, 인류에게 “그분은 존재하고, 또 부지런히 자신을 찾는 이들에게 상 주신다”는 사실을 증거하고 소개한다.

조지 뮬러는 인간의 몸으로 그것을 입증했고 모범이 되었다. 그는 우리처럼 정욕 때문에 온갖 유혹을 받으면서도 하나님을 신뢰하고 믿음 안에서 성장했다. 하나님이 기도에 귀를 기울인다는 것과 언제든지 그분을 신뢰할 수 있다는 것을 확실하게 입증하는 삶을 살면서 사역을 감당하려고 간절하게 기도했다. 에녹처럼 그는 진정으로 하나님과 동행했고 하나님을 기쁘게 하려고 부지런히 증거했다. 그래서 우리는 1898년 3월 10일에 조지 뮬러가 "세상에 있지 않다"는 소식을 들었을 때 하나님이 데려가셨다는 사실을 알게 되었고(창 5:24 참조), 그것은 죽음이라는 표현보다 훨씬 더 잘 어울리는 진실이라는 사실도 알게 되었다.

그의 오랜 삶에 익숙한 이들과 그중에서도 그와 막역하고 개인적으로 영향을 받은 이들에게 있어서 그는 하나님의 원숙한 성도 가운데 한 사람이었고, 믿음의 삶이 가능하다는 것과 일상의 삶에서 하나님을 알고 교제하고 발견하고 막역한 친구로 지낼 수 있음을 입증한 산 증인이었다. 조지 뮬러는 하나님 말씀을 기꺼이 받아들이고 그분의 뜻에 복종하는 이들에게는 하나님이 "어제나 오늘이나 영원토록 동일하시다"는 사실을 자신은 물론, 자신의 증거를 접하게 될 모든 사람에게 입증했다. 믿음과 순종을 과거로 돌리는 이들에게는 하나님의 간섭과 구원이 과거에 지나지 않는다. 한마디로 옛날 우리 조상이 들려준 대로 믿음의 기도는 여전히 기적을 행할 수 있다.

조지 뮬러의 삶을 대표적인 사건이나 경험을 중심으로 검토하면 일정한 기간들로 자연스럽게 구분된다. 예를 들면 이런 식이다.

1. 출생부터 새로운 출생, 혹은 회심까지 (1805-1825)
2. 회심부터 일생의 사역에 입문할 때까지 (1825-1835)
3. 이때부터 선교여행까지 (1835-1875)
4. 선교여행의 출발부터 마칠 때까지 (1875-1892)
5. 선교여행을 마칠 때부터 죽음까지 (1892-1898)

이상과 같이 첫째 기간은 20년, 둘째 기간은 10년, 셋째 기간은 40년, 넷째 기간은 17년, 그리고 마지막 기간은 6년이다.

그런데 이처럼 일정하지 않은 각각의 기간은 확실하게 구별되고, 아주 중요하고 기억할 만한 교훈이 포함된 일종의 독립적인 시기를 구성한다. 가령 첫째 기간에는 죄 때문에 잃어버린 기간이었고 순종하지 않는 삶은 고통스럽고 무가치하다는 중대한 교훈을 익혔다. 둘째 기간에는 위대한 사역을 준비하는 특별한 과정을 확인할 수 있다. 셋째 기간은 그가 하나님의 사역을 실제로 수행한 시기를 포함한다. 우리는 이후로 17년이나 18년 동안 세계 곳곳에서 하나님을 전하는 뮬러의 모습을 볼 수 있었다. 그리고 하나님은 그의 기독교적인 성품이 원숙해지도록 마지막 6년을 사용하셨다. 이 시기에 그는 상당히 외로웠지만 그 덕분에 하나님과의 교제는 더욱더 깊어졌다. 그래서 가까운 이들은 그가 어느 때보다도 거룩한 성품과 주님의 아름다움을 닮은 시기였다는 사실을 발견할 수 있었다.

첫째 기간은 간단히 넘어갈 수 있다. 죄에 물들고 방탕해서 청소년과 청년 시절을 허비한 시기였기 때문이다. 이 기간은 주로 죄인 중의 죄인까지 풍성하게 누리는 은총의 주권을 보여주고 있어서 흥미롭다. 그 기간에 얽힌 일화를 읽고 경건을 진화의 결과로 간주할 사람이 있을까? 뮬러의 경우에는 진화가 아니었다. 구원의 기록에서나 접할 수 있을 만큼 분명하고 완벽한 혁명이었다. 사도 바울이 다소에서 경험한 회심을 전적으로 초자연적인 능력에 의한 것으로 설명했던 신학자 조지 리틀턴(George Lyttelton)이라면 조지 뮬러의 변화를 어떻게 받아들였을까? 바울은 그릇된 길로 인도받았으나 양심적이었고 바리새인처럼 행동했지만 도덕성은 있었다. 그러나 뮬러는 평범한 정직이나 품위와는 어울리지 않는 전형적인 죄인이었다. 어려서는 하나님은 물론, 도덕의식과 전혀 무관한 삶을 살았다. 바울이 완고한 죄인이었다면 조지 뮬러는 정말 강퍅한 죄인이었다.

프러시아 출신의 조지 뮬러는 1805년 9월 27일에 할버슈타트 부근의 크로펜슈테트에서 태어났다(조지 뮬러의 본명은 요한 게오르그 페르디난드 뮬러(Johann Georg Ferdinand Muller)이다–역주). 그로부터 채 5년이 지나지 않아 부모는 6킬로미터 정도 거리의 하이머스레벤으로 이사했고, 아버지는 그곳에서 세무서 직원이 되었다. 11년 뒤에는 쇠네벡으로 또다시 이사하고 새로운 업무를 맡았다.

조지 뮬러는 부모의 양육을 제대로 받지 못했다. 뮬러에 대한 아버지의 편애는 그 자신은 물론, 형제들에게 좋지 않은 영향을 끼쳐 야곱의 가족처럼 시기와 불화의 원인이 되었다. 돈을 제대로 관리하는 법을 익히도록 어린 자식들에게 제한 없이 돈을 맡겼지만 덕분에 생각 없이 돈을 마음껏 쓰게 되었다. 어린아이들은 대개 그렇게 해서 사치의 죄에 빠진다. 어떻게 돈을 쓰는지 거짓으로 둘러대면 상황은 훨씬 악화한다. 어린 조지 뮬러는 자기가 받은 금액을 속이거나 쓰고 남은 돈을 꾸며 용의주도하게 아버지를 속였다. 속임수가 발각될 때마다 받았던 벌은 전혀 효과가 없었고, 더 기발한 속임수를 꾸며내게 할 뿐이었다. 스파르타 소년들처럼 뮬러가 볼 때 잘못은 훔친 게 아니라 그 도둑질이 드러나는 것이었다.

어린 시절의 회상으로는, 그는 정말 나쁜 아이였고 부끄러움을 전혀 몰랐다. 열 살이 되기도 전에 습관적으로 훔치고 노련하게 속였다. 아버지가 관리하는 정부의 자금마저 그의 손에서 안전하지 못했다. 의심을 품은 아버지가 함정을 준비했다. 전체 금액을 정확하게 확인한 후 훔쳐가기 쉬운 곳에 숨겨둔 것이다. 아니나 다를까 뮬러는 돈을 가져다가 신발에 감추었지만 발각되었고, 그래서 이전에 사라진 돈까지 남김없이 밝혀지고 말았다.

이런 뮬러를 아버지는 성직교육을 받게 하려고 열한 살이 되기 전에 할버슈타트의 대성당 고전학교에 입학시켰다. 부도덕하고 행실이 나쁜 자식이 성직을 준비하도록 의도적으로 떨어져 지냈다는 것은 사실 잘 믿어지지 않는다. 하지만 국교가 존재하는 곳에서는 복음을 전하는 사역이 거룩한 소명보다는 인간적인 직업으로 간주되는 경향이 있었고, 그래서 자격 기준이 낮은 세속 수준으로 떨어질 때도 종종 있었다. 그러면 안타깝게도 주된 목적이 거룩한 삶과 전혀 무관한 소위 '생계'로 전락하고 만다.

이때부터 소년은 공부를 제외한 소설 읽기와 온갖 나쁜 일에 탐닉했다. 카드놀이와 술에 자주 빠져들었다. 열네 살 소년은 어머니가 세상을 뜬 날 밤에도 거리를 쏘다니면서 술을 마셨다. 어머니의 죽음도 그의 악한 행동을 바로잡거나 잠자는 양심을 일깨우지 못했다. 그리고 대부분 그렇듯이 엄숙한 경고가 효과를 보지 못하면 더욱 악해져갈 뿐이었다.

입교시기가 되자 예비 종교교육을 받아야 했다. 하지만 이것은 형식에 불과해서 별다른 생각 없이 참석해 또다시 잘못을 범했다. 거룩한 일들을 평범하게 받아들였고, 그렇게 해서 더욱 냉담해졌다. 입교식과 성찬식에 처음으로 참석하기 전날 밤에 그는 엄청난 죄를 저질렀다. 관례로 '죄의 고백'을 위해 목사를 만났을 때 천연덕스럽게 거짓말을 늘어놓고 아버지가 맡겨놓은 입교 비용의 대부분을 가로챘다.

뮐러는 그런 마음과 생활 습관 속에서 1820년 부활절 기간에 입교식을 치르고 성찬식에 참석할 자격을 얻었다. 실제로 입교식을 치렀지만 죄에 빠져서 부도덕할 뿐 아니라 거듭나지 못했고, 그리스도의 복음의 원리에 무지했던 그는 구원의 절차를 묻는 사람에게 제대로 설명할 수 없었다. 엄숙하고 거룩한 일의 경우에는 그럴 수도 있겠지만, 일시적인 인상을 남기거나 더 나은 삶에 대한 얄팍한 결심으로 이끈 어정쩡한 진지함이 있었다. 죄의식이나 하나님에 대한 회개는 없었고 더 큰 능력을 조금도 의지하지 않았다. 그것들 없이는 스스로 개선하려는 그 어떤 노력도 가치를 입증하지 못하고 꾸준한 결과를 낳지 못한다.

이렇게 악한 소년 시절에 얽힌 일화에서 죄악과 범죄를 제외하면 달리 남는 것이 없다. 그것은 악한 행동과 그에 따른 슬픔에 대한 긴 이야기이다. 언젠가는 지닌 돈을 모두 낭비하는 바람에 함께 방을 쓰는 군인의 맛없는 빵을 훔칠 정도로 굶주리기도 했다. 그래서 한참 뒤에 아주 극단적이던 시절을 돌아보면서 그는 이렇게 탄식했다. "이 세상이라고 해도 사탄을 섬기는 것은 정말이지 비참한 일이다!"

1821년, 아버지가 쇠네벡으로 이사하게 되자 뮬러는 마그데부르크의 대성당학교에 보내달라고 요구했다. 내적으로는 그런 식으로 죄의 유혹이나 악한 친구들과의 관계를 끊고 새로운 환경에서 자신을 스스로 개선하는 데 도움을 받으려고 했었다. 그는 가끔 이런 식으로 도덕적으로 변화하려고 했다. 하지만 진정한 개선을 가능하게 하는 원천이 되는 존재를 일상적이면서도 치명적으로 간과하는 잘못을 거듭 범했다. "그의 생각에는 하나님이 일절 존재하지 않았다." 그는 이쪽에서 저쪽으로 떠나는 게 자신의 죄를 남겨두고 가는 것이 아니라는 사실을 깨달았다. 자신을 데려갔기 때문이다.

이상하리만치 신중하지 못한 아버지는 그가 하이머스레벤에 있는 집에서 잡무를 처리하면서 그 지역을 책임진 나겔(Nagel) 목사와 고전을 읽을 수 있게 주선했다. 그렇게 한동안 주인 노릇을 하게 되자 유혹의 문이 활짝 열렸다. 그는 아버지한테 빚진 사람들에게 돈을 받을 수 있도록 허락을 받았고, 그래서 또다시 상당한 금액의 돈을 탕진하고는 그 사실을 아무도 모르게 숨겼다.

1821년 11월, 뮬러는 마그데부르크와 브라운슈바이크로 떠났다. 브라운슈바이크에서는 입교식을 치른 직후에 만난 가톨릭 출신의 소녀를 사랑하게 되었다. 집을 떠나 있던 이 시기에 사악한 탐닉의 길로 거듭해서 빠져들었다. 일차적으로 가정교사에게 거짓말을 둘러대고 그곳에 가도된다는 허락을 얻었다. 그러고는 마그데부르크에서 죄악의 한 주간을 보냈고, 브라운슈바이크에서는 값비싼 호텔에서 아버지의 돈을 탕진했다. 돈이 모두 떨어지자 삼촌을 찾아가서 떠나라고 할 때까지 그곳에서 버텼다. 그런 뒤에 또다시 값비싼 호텔에서 밀린 방값을 독촉받을 때까지 묵다가 비싼 옷을 맡기고 가까스로 빠져나와야 했다. 그러고 나서 볼펜비텔에서 똑같이 대담한 계획을 실행에 옮겼다. 그러나 돈을 지급하지 못하자 도망쳤다가 붙잡혀 감옥에 갇히는 신세로 전락하고 말았다.

이 열여섯 살의 소년은 이미 거짓말쟁이에 도둑, 사기꾼에 술주정뱅이였고, 저지르는 짓이라고는 범죄뿐이었다. 그리고 유죄 판결을 받은 흉악범의 친구이면서 그 자신이 흉악범의 감옥에 갇힌 신세였다. 며칠 뒤에 어떤 도둑이 함께 갇혔다. 이 둘은 다른 도둑들처럼 서로 자랑을 늘어놓았는데, 어린 뮬러는 눌리지 않으려고 그럴듯하게 이야기를 꾸며서 더 유명한 행세를 했다. 이렇게 비참한 교제를 열흘 또는 열이틀 동안 지속하다가 의견이 틀어지자 어정쩡한 침묵이 흘렀다. 그렇게 해서 1821년 12월 18일부터 다음 해 1월 21일까지 34일간 우울한 날이 계속되었다. 그 기간에 뮬러는 감옥에 갇힌 채 함께 지내는 도둑에게 선심을 사려고 애썼다.

딱한 처지를 알게 된 아버지가 호텔의 숙박비와 그 밖의 비용과 여비를 보내왔다. 하지만 감옥을 나온 그는 분을 삭이지 못했고, 관대한 부모를 만나러 가는 길에 몹시 나쁜 사내와 동행할 정도로 여전히 사악했다. 아버지에게 심한 꾸지람을 듣자 태도를 바꾸어서 신임을 얻으려고 어느 정도 노력했다. 그래서 열심히 공부하고 수학과 독일어, 프랑스어와 라틴어 수업을 들었다. 이런 외적인 변화에 크게 기뻐한 아버지는 얼마 지나지 않아서 아들의 악한 행실을 용서했다. 하지만 겉모습만 반듯했을 뿐이었다. 은밀한 생각은 여전히 몹시 악해서 하나님이 보시기에는 삶 전체가 가증스러웠다.

이제 뮬러는 나중에 '전적인 거짓말의 사슬'로 규정한 일을 감행하기 시작했다. 아버지가 집에 머무는 것을 더는 용납하지 않자 겉으로는 시험을 치러 대학도시 할레로 가겠다고 하고는 실제로는 김나지움에 입학하러 노르드하우젠으로 떠났다. 할레를 피한 까닭은 그곳에서의 엄격한 훈육이 두려웠고, 그런 속박이 대학에서 공부하면서 자신보다 더 큰 자유를 누리는 젊은 친구들과의 교제를 방해한다고 생각했기 때문이다. 그는 집으로 돌아와서도 아버지에게 이 사실을 숨기려고 했지만 노르드하우젠으로 떠나기 직전에 사실이 밝혀졌고, 자신이 꾸며낸 조직적인 불순종과 속임수를 해명하려고 거짓말의 사슬에 필요한 고리를 새롭게 끼워 넣었다. 아버지는 화를 내면서도 노르드하우젠에 가도록 허락했다. 그는 그곳에서 1822년부터 1825년 부활절까지 지냈다.

뮬러는 2년 반을 김나지움 교장과 함께 지내면서 고전과 프랑스어와 역사 등을 공부했다. 행동이 달라진 그는 인정받으면서 다른 학생들에게 모범으로 소개되었고, 선생님과 산책하면서 라틴어로 대화할 정도가 되었다. 이때 그는 새벽 4시에 일어나서 밤 10시까지 책을 읽는 부지런한 학생이었다. 그럼에도 그의 고백으로는 이 모든 형식적인 예절 배후에는 은밀한 죄와 함께 하나님과의 완벽한 단절이 숨어 있었다. 드러나지 않는 악함 때문에 병에 걸린 그는 13주를 누워서 지내기도 했다.

뮬러는 클롭슈토크(Friedrich Gottlieb Klopstock, 1724-1803, 괴테의 「젊은 베르테르의 슬픔」에 이름이 등장하기도 하는 그는 독일 출신의 시인이다. 처음에는 고전문학, 그리고 나중에는 예나대학과 라이프치히대학에서 신학을 공부했다. 1751년 덴마크의 국왕 프리드리히 5세의 초청을 받아서 코펜하겐으로 이주한 뒤에 걸작으로 꼽히는 서사시 '구세주'(Der Messias)를 완성했다-역주)의 작품을 비롯한 저서들을 읽을 정도로 종교적인 성향이 없진 않았지만, 하나님 말씀에 무심했을 뿐 아니라 하나님의 법을 무시하면서도 전혀 죄책감을 느끼지 않았다. 그의 서가에는 3백 권 이상의 책이 있었지만 성경은 없었다. 친숙한 키케로와 호라티우스, 몰리에르와 볼테르의 작품은 높게 평가하면서도 성경은 전혀 몰랐고, 그렇게 무지한 만큼 무관심했다.

그는 당시 습관처럼 한 해에 두 차례씩 성찬식에 참석했다. 입교의 시기를 넘긴 다른 사람들도 그랬다. 그런데 그는 그럴 때마다 종교적으로 큰 감동을 받았다. 성별된 빵과 포도주를 먹을 때면 이따금 다르게 살겠다고 서원하고 며칠간 공개적으로 죄를 피하기도 했다. 하지만 내적으로 힘을 발휘할 수 있는 영적인 생명은 존재하지 않았고, 서원은 얼마 지나지 않아 거의 소멸되고 말았다. 노회한 사탄은 젊은 뮬러가 상대하기에 버거웠다. 악한 본성의 강력한 정욕이 살아나면 그의 결심과 노력은 잠에서 깬 삼손을 묶어놓은 마르지 않은 줄처럼 힘을 발휘하지 못했다.

이 스무 살의 청년이 얼굴도 붉히지 않고서 천연덕스럽게 거짓말을 할 수 있었다는 것은 쉽게 믿어지지 않는다. 돈을 탕진해서 빚의 수렁에 빠져 용돈으로 해결이 안 되면 더할 나위 없이 그릇된 수단을 거듭 의지했다. 그는 방탕한 생활에 탕진한 돈을 강도 맞은 것처럼 꾸미고서 배우처럼 행동했다. 가방과 악기 상자 자물쇠를 억지로 부수고는 옷을 대충 걸친 채 놀란 표정으로 교장실로 달려가서 강도를 만났다고 말했다. 덕분에 친구들은 불쌍하게 생각하고 주머니를 털어서 잃은 금액을 보충해주었다. 그렇지만 거짓으로 꾸민 것이라는 의심을 받게 되고, 결국 교장의 신임을 잃어버렸다. 비록 당시에는 죄책감이 없었지만 그런 비열한 행동과 위선이 발각된 것이 부끄러워서, 오래 앓을 때 어머니처럼 보살펴주던 교장 부인을 두 번 다시 만날 수 없게 되었다.

이런 뮬러가 명예로운 대학생이 되었을 뿐 아니라 루터교회에서 설교하는 성직 후보자가 되었다. 이 신학생은 하나님이나 구원을 전혀 몰랐고, 구원의 은총에 대한 복음의 계획 역시 알지 못했다. 개선된 삶이 필요하다고 생각했지만 경건한 마음은 그를 지배할 수 없었다. 과거와의 단절은 순전히 편의상의 문제였다. 방탕한 생활을 계속하다가 결국 발각되는 바람에 어느 교구에서도 그를 목회자로 받아들이려 하지 않았다. 소중한 해결책과 건전한 삶을 확보하려면 좋은 점수로 신학공부를 끝마쳐서 적어도 나름의 평판을 얻어야 했다. 세속적인 판단을 따르다 보니 한편으로는 공부를, 또 다른 편으로는 삶을 바로잡으려고 노력하지 않을 수 없었다.

뮬러는 다시 한번 실패했다. 모든 능력의 근원이자 비결을 발견하지 못했기 때문이다. 결심이 거미줄처럼 나약해서 악한 버릇을 통제하지 못한다는 게 드러나기 직전에 겨우 할레대학에 입학했다. 실제로 길거리의 다툼이나 싸움에 끼어들지는 않았다. 그랬다가는 자유가 박탈될 수도 있었다. 하지만 그에게는 여전히 도덕적인 자제력이 없었다. 가지고 있는 돈이 바닥나자마자 빌릴 수 없을 때까지 빚을 지고는 시계와 옷가지를 저당 잡혔다.

그는 비참해질 수 있었다. 그런 길을 따라가면 가난과 불행, 수치와 망신을 겪을 게 분명했다. 사리판단은 악한 짓을 그만두도록 강력하게 요구했지만 경건은 아직 삶 속에서 제소리를 내지 못했다. 그런데도 그는 과거에 학교를 함께 다닌 베타(Beta)라는 젊은이를 가까이했다. 친구의 진지함이 자신의 행로에 도움될 수 있다는 기대 때문이었다. 하지만 그것은 상한 갈대를 의지한 것과 다르지 않았다. 베타 역시 타락한 상태였다. 뮐러는 또다시 병을 앓았다. 하나님은 그가 젊어서 저지른 잘못의 대가를 치르게 하셨다. 몇 주 뒤에 건강이 좋아지자 겉으로 볼 때 그의 행동은 한 차례 더 달라졌다.

하지만 여전히 전체적인 삶을 제대로 통제할 수 있는 진정한 원천이 결여된 탓에 얼마 지나지 않아 또다시 죄에 빠져들게 되었다. 뮐러는 악한 일을 꾸미는 데 전문가였다. 돈을 마련하려고 남은 것을 저당 잡히고 베타와 다른 친구 둘과 함께 나흘 동안 쾌락을 좇다가 알프스로 긴 여행을 떠날 계획을 세웠다. 문제는 돈과 여권이었다. 재빠른 머리로 장애물을 즉시 해결했다. 부모로 속여 쓴 편지로 여권을 마련하고 책을 맡겨서 자금을 확보했다. 43일간 거의 도보로 여행을 계속했다. 여행하는 동안 뮐러는 유다처럼 공동의 재정을 관리하면서 도둑질을 했다. 친구들에게 자신의 비용 가운데 상당 부분을 떠넘겼다.

9월이 지나기 전에 친구들과 할레로 돌아온 뮐러는 남은 방학기간을 보내러 집으로 돌아갔다. 사용한 돈을 적당하게 둘러댈 새로운 거짓말이 연속적으로 쉽게 떠올랐다. 그의 선한 결심은 너무 빨리, 너무 슬프게 또다시 완전히 깨져버리고 말았다.

한 번 더 할레로 돌아왔을 때도 예수 그리스도 안에서 새사람이 될 시기가 닥쳤다는 사실을 제대로 의식하지 못했다. 그는 하나님을 발견해야 했고, 그런 발견은 삶의 흐름 전체를 새롭게 변화시켜야 했다. 20년 동안의 이런 죄악과 불행을 마지못해서 기록으로 남긴 게 아니었다. 자신의 회심이 초자연적인 역사이고 하나님을 제외하면 설명할 수 없다는 사실을 분명히 해두기 위함이었다. 그에게는 그런 결과를 발전시킬 수 있는 게 전혀 없었고 그가 처한 환경도 마찬가지였다.

대학도시에는 그가 경험한 성품과 행실을 변화시킬 수 있는 자연적인 능력이 존재하지 않았다. 그곳에는 1,260명의 학생이 거주했고 그 가운데 9백 명이 신학생이었다. 그리고 신학생들은 모두 설교하도록 허락을 받았지만 실제로 '하나님을 두려워한' 사람은 백분의 일도 채 되지 않았다고 뮬러는 말한다. 순수하고 깨끗한 신앙을 형식주의가 대신했고, 그들 대부분은 직업적인 경건함 뒤에 부도덕과 불신앙을 숨겨두고 있었다. 그런 환경에 있던 뮬러는 어떤 강력한 힘이 외부와 위로부터 개입하지 않고서는 성격과 삶이 근본적으로 바뀌는 게 불가능했다. 지금부터 우리는 이 힘이 무엇이었고, 어떻게 그에게 임했는지 살펴보아야 한다.

# 초자연적인 섭리로 회심하다

우리는 뮬러의 생애 가운데 두 번째 시기에 접어든다. 조지 뮬러는 악행으로 점철된 세월을 보내고 나서 하나님께 돌아섰다. 그런 변화의 근본적인 성격은 전능하신 은총의 주권을 극명하게 입증하고 보여준다. 그는 포악하고 심각한 죄악에 둘러싸여 지냈고, 두 번에 걸친 질병을 비롯한 적잖은 고통을 겪어야 했다. 자비하신 하나님의 목적이 그를 통해 성취되어야 했기 때문이다. 그런 사실을 다르게 설명할 수 있는 적절한 방법은 없다.

하나님을 간과한 채 그런 회심을 설명해 보려고 하는 이들은, 이 젊은 죄인이 어느 때보다 신앙에 무관심한 시기에 일어났다는 사실을 지나쳐서는 안 된다. 당시 그는 여러 해 동안 성경을 읽지 않았을 뿐 아니라 성경을 갖고 있지도 않았다. 예배에 제대로 참석하지 않았고 복음의 설교도 듣지 않았다. 주 예수 그리스도를 믿고 하나님의 도움과 말씀에 따라서 사는 것이 무엇인지 들어본 적이 없었다. 실제로 그리스도의 교리에 대한 일차적인 원리를 전혀 몰랐고 거룩한 삶의 진정한 성격도 알지 못했다. 오히려 타락과 죄악이 정도의 차이는 있어도 모두 자신과 같다고 생각했다. 이 젊은이는 죄인과 성도가 수준이 아니라 종류가 다르고, 그리스도 안에 있는 사람은 누구나 새로운 피조물이라는 초보적인 진리를 알지 못한 채 성인이 되었다. 그런데 그런 시기와 상황에 부닥쳤던 굳은 마음을 지닌 그 사내에게 성령이 임해서, 갑자기 새로운 삶의 영역으로 들어가는 입구를 발견하고는 새로운 분위기에 새롭게 적응하게 된 것이다.

우리가 지금 돌이켜서 이것을 필생의 사역을 위한 준비과정으로 생각하면 이 역사 속에서 작용한 거룩한 손길이 더욱 확실해진다. 그가 이런 사역을 생각하거나 예상하지 못했기 때문에 준비기간은 더욱 신비롭다. 우리는 그 이후로 십 년 동안 조지 뮐러를 선택해서 용도에 맞는 그릇으로 빚어낸 거룩한 토기장이를 볼 수 있다. 모두 준비단계였지만 미래의 관점에서 거꾸로 교회와 세상을 위한 독특한 사역을 바라볼 때에만 제대로 파악할 수 있다. 새롭게 회심한 이 사내는 전혀 의식하지 못하는 사이에 하나님에 의해서 성별되었고 아주 특별하게 헌신해야 했다.

1825년 11월 중순 어느 토요일 오후, 산책을 마치고 돌아오는 길에 베타는 뮐러에게 그날 저녁에 한 성도의 집에서 열리는 모임에 참석할 예정이라고 말했다. 그는 토요일마다 정기적으로 참석했고, 몇 명의 친구들이 모여 찬송하고 기도하며, 하나님 말씀과 인쇄된 설교를 읽는다고 했다. 하지만 그런 순서가 날마다 카드놀이와 음주와 춤과 연극에서 만족을 구하면서 타락한 친구들과 어울려 다니는 세속적인 사내의 관심을 끌기는 불가능했다.

그런데 조지 뮐러는 이유는 댈 수 없었지만 갑자기 그 모임에 참석하고 싶은 생각이 들었다. 그에게는 결코 채울 수 없는 공허감이 존재했고, 어떤 본능적인 내적 음성이 그곳에서 영적 허기를 충족시키는 양식을 발견할 수 있다고 속삭였다. 그것은 일평생 무의식적으로, 그리고 맹목적으로 찾아다녔던 만족의 대상이었다. 뮬러는 함께 가고 싶다고 말했다. 베타는 사악한 쾌락을 즐기고 무분별하게 집착하는 친구가 그 모임을 내켜 하지 않을 것 같아서 권하기를 망설였다. 하지만 그는 뮬러를 불러서 그 모임에 데리고 갔다.

타락해서 방황하는 동안 베타는 조지 뮬러의 나쁜 행동을 따르거나 도움을 주기도 했지만, 스위스 여행에서 돌아오면서 죄를 의식하자 믿음을 회복하고서 아버지에게 있는 그대로 고백했다. 그리고 과거에 할레대학에서 공부했던 그리스도인 친구 리히터(Richter) 박사의 소개로 장소를 제공하는 바그너(J. V. Wagner)를 알게 된 것이다. 그렇게 해서 베타는 과거에 타락했던 사람이 죄인으로 하여금 그릇된 길을 벗어나 영혼을 죽음에서 구원하고 수많은 죄를 덮어주시는 하나님의 도구가 되었다.

토요일 저녁은 조지 뮬러의 역사와 운명의 전환점이 되었다. 뮬러는 낯선 사람들과 새로운 환경에서 새로운 공기를 마시고 있다는 것을 깨달았다. 그는 자신이 환영받고 있는지 확신하지 못한 나머지 어색해서 그곳에 참석한 것을 사과하기까지 했다. 하지만 바그너 형제의 따뜻한 대답은 결코 잊을 수 없었다. "마음이 내키면 자주 오세요. 집과 마음이 당신에게 열려 있습니다." 그는 나중에 복된 경험을 통해서 배운 것, 즉 악한 사람이 아무리 조심스럽게 기도의 장소로 발길을 돌리더라도 기도하는 성도의 마음이 얼마나 기쁘고 설레는지 거의 알지 못했다.

모두 자리에 앉은 채 찬송을 불렀다. 나중에 런던선교협회 소속 선교사로 아프리카로 떠나게 되는 어느 형제가 무릎을 꿇고 그 모임을 위해 하나님께 축복을 구했다. 하나님 앞에서 무릎 꿇은 모습은 뮐러에게 절대 지워지지 않는 인상을 남겼다. 그는 스물한 살이었지만 무릎 꿇고 기도하는 것을 단 한 번도 본 적이 없었다. 그리고 물론 그 자신도 하나님 앞에서 무릎을 꿇어본 적이 없었다. 프러시아 사람들은 공적으로 기도할 때는 대개 일어서서 기도했기 때문이다.

하나님의 말씀을 한 장 읽고 나서 인쇄된 설교를 읽었다. 어떤 모임이든지 안수받은 성직자가 없으면 성경을 해석하는 것이 대개 금지되었다. 찬송을 한 곡 더 부르고 나서 뮐러는 속으로 생각했다. '나는 이 무식한 사람보다 훨씬 더 많이 배웠지만 저렇게 기도할 수 없다.' 이상하게도 그 모임에 참석하고 싶은 심정을 설명할 수 없었듯이 이미 영혼에 샘솟는 새로운 기쁨을 제대로 표현할 수 없었다. 하지만 사실이었다. 그래서 집으로 돌아오는 길에 그는 참지 못하고 베타에게 이렇게 말했다. "스위스 여행에서 우리가 보았던 모든 것, 그리고 우리가 즐겼던 모든 쾌락도 오늘 밤과는 전혀 비교할 수 없어."

집에 돌아와서 무릎을 꿇고 기도했는지는 기억나지 않지만, 아무튼 그날 밤 침대에 누웠을 때 발견한 낯설고 생소한 평안과 안식은 결코 잊을 수 없었다. 독수리 같은 하나님이 둥지를 떠나 헛되이 날아다니던 새끼를 찾아 두 날개로 감싸준 게 아니었을까?

하나님이 일하는 방식은 정말 주권적이었다. 신학자들은 조지 뮬러 같은 죄인이 새로운 삶을 살려면 대단한 '율법의 행위'가 수반되어야 한다고 요구했을지 모른다. 하지만 이때는 하나님과 거룩한 일에 대한 깊은 지식은 물론, 죄책감과 정죄에 대한 지식이 부족했다. 어쩌면 거룩한 일을 잘 알지 못하다 보니 죄책감이나 정죄 역시 제대로 알지 못했을 것이다.

이런 사실을 고려하면 회심에 대한 우리의 엄격한 이론은 완전히 근거를 상실한다. 우리는 구원을 위해 아주 단순하게 그리스도를 믿어서 '율법의 행위'를 전혀 설명하지 못했던 어떤 어린아이의 일화를 알고 있다. 일정 기간 철저히 양심의 가책을 느끼지 않으면 진정한 회심이 불가능하다고 생각하던 어른이 물었다. "그렇다면 절망의 구렁텅이는 어떻게 된 거지?" 아이는 허리를 숙여 인사하면서 말했다. "저는 그 길로 오지 않았는걸요."

조지 뮬러의 눈은 반쯤 열려 있었다. 사람들이 걸어 다니는 나무처럼 보였다. 그런데 그리스도께서 눈을 만져주셨다. 그는 위대한 치유자를 몰랐으나 어떻게든 은총의 옷자락을 만졌다. 그러자 솔기 없는 옷을 입고 더듬어서 구원을 바라던 영혼의 한없이 희미한 손길에도 응답하시던 그리스도에게서 은총이 흘러나왔다. 덕분에 우리는 여기서 하나님이 끝없이 다양하게 역사하시고, 또 그런 역사는 아주 놀랍다는 증거를 접하게 된다.

1825년 11월 어느 토요일 밤은 할레대학의 이 젊은 학생에게 분

수령이 되었다. 그는 하나님의 자비하심을 경험했지만 거룩한 것에 대한 새로운 관심을 설명할 수 없었다. 다음 모임을 위해서 또다시 한 주를 기다리는 게 너무나 길게 느껴졌다. 그래서 그는 토요일이 되기 전에 세 차례나 바그너의 집을 찾아가서 형제들의 도움을 받아 성경을 공부했다.

이런 회심과 같은 사건과 실제 과정을 너무 급하게 다루면 이 전기의 핵심이 되는 교훈 가운데 하나를 지나칠 수 있다. 하나님이 자신의 일을 위한 일꾼을 준비시키는 위대한 첫째 단계를 여기서 찾아내야 하기 때문이다.

미리 준비시키는 것을 보여주는 확실한 징조와 증거보다 더 대단한 것은 역사에 존재하지 않는다. 우리 생활에서 벌어지는 일은 단절되거나 우연한 단편들이 아니다. 하나님의 책에는 이 모든 사건이 미리 기록되어 있었다. 아직 존재하지 않더라도 하나님의 마음에는 계획이 존재해서 실제 역사에 계속 등장한다. 시편 139편 16절의 내용이 그것을 가리키는 것일 수 있다. "내 형질이 이루어지기 전에 주의 눈이 보셨으며 나를 위하여 정한 날이 하루도 되기 전에 주의 책에 다 기록이 되었나이다."

건축하는 곳에서는 석재와 목재를 볼 수 있다. 석재는 각기 다른 채석장에서, 그리고 목재는 다양한 목재소에서 가져온 것이다. 시간이나 공간에서 의식적인 접촉이나 협력이 한 번도 이루어지지 않은 일꾼들이 부지런히 그것들을 다룬다. 전혀 예견된 일이 아니지만 깎거나 자르지 않은 돌과 나무가 서로 잘 들어맞는다. 아귀와 비율, 그리고 치수가 모두 잘 맞아서 건물이 완성될 때 한 작업장에서 준비되고 검사를 거치거나 한 것처럼 완벽하게 맞아떨어져야 한다. 그와 같은 상황에서 정상적인 사람이라면 채석장과 목재소와 일꾼이 아무리 많더라도 한 사람, 즉 건축가나 총책임자가 주도적으로 그 구조물을 설계했다는 사실을 의심하지 않을 것이다.

이 전기 역시 그런 때에 해당한다. 업적이라는 하나의 구조물을 구성할 수 있는 자료는 무수히 많고, 여럿의 손길을 타서 만들어진다. 그런데도 의도하는 목적대로 서로 잘 들어맞는다. 그것은 오랫동안 생각하고 계획한 존재의 각별한 목적에 따라서 모든 인간 대리인이 무의식적으로 공헌했다는 사실을 입증하는 것이다. 하나님의 놀라운 솜씨를 보여주는 이 장면은 단순한 인간의 사건들 이면에서 단절된 듯한 이 모든 사건과 경험을 하나의 생애로 구성하고 완성하는 하나님의 손을 바라볼 때 더 분명해진다.

가령 조지 뮬러의 영적인 역사에서는 무엇을 첫째 단계나 국면으로 간주해야 할까? 그는 몇 명의 성도들이 모이는 모임에서 하나님의 자녀가 무릎을 꿇고 기도하는 것을 처음 목격하고서 용서의 하나님께 다가가려는 마음을 먹게 되었다. 다음의 내용을 검토할 필요가 있다. 이 사람은 이후로 가장 원초적이고 사도적인 방식을 따르는 소박한 성도의 모임에 적극 참여했다. 기도와 찬양, 성경 읽기와 해석을 위한 모임이었고, 실제로 요한 마가의 어머니인 마리아의 집에서 열린 모임과 같았다. 일차적으로는 성도들을 위한 모임이라서 어느 장소든지 가능했고, 성별된 건물이나 세속적인 아름다움을 절대적으로 강조하지 않았다. 그런 모임은 조지 뮬러라는 이름과 분리될 수 없을 만큼 그의 삶 전체와 사역, 그리고 증거와 엮어졌다. 그가 숨을 거두기 전날 밤에 마지막으로 찬송을 부르고 기도한 곳도 그런 모임이었다.

게다가 은밀하게, 혹은 성도들과 함께 무릎을 꿇고 했던 기도는 이후로 그의 거룩한 삶과 사역의 핵심적인 비밀이 되었다. 그의 일생의 사역은 이 기도의 초석 위에 세워졌다. 루크노우 폭동 때 원주민 군인들은 헨리 로렌스(Henry Lawrence) 경을 이렇게 평하곤 했었다. "그는 하늘을 두 번 올려다보고 땅을 한 번 내려다보고, 그리고 나서 수염을 쓰다듬으면 어떻게 해야 할지 알았다." 그렇다면 조지 뮬러 역시 어떻게 행동해야 할지 파악하려고 70년 이상 부단히 하늘을 올려다본 인물이라고 할 수 있다. 크고 작은 위기 속에서 직접적인 하나님의 인도하심을 구하는 기도가 삶 전체를 규정하는 비밀이었다. 그가 처음으로 하나님께 인도받았던 정확한 방법과 그렇게 지속해서 관심과 의미를 부여하게 한 정교한 성격의 사건들에 우연이라는 게 조금이라도 존재할 수 있었을까?

이 시점에서 그렇게 강조되는 하나님의 계획을 떠올리면 아주 분명한 그림이 그려진다. 그러면 우리는 석재와 목재가 건축현장에 운반되고, 또 그것들이 모두 서로 잘 들어맞아서 일생의 사역이 완성되는 동안에 인간의 도구를 사용하는 소리가 전혀 들리지 않는다는 사실을 알게 된다.

　물론 무분별하고 방탕했던 사람이 변화된 삶을 살려면 적어도 회심에서 출발해야 한다. 오래된 죄악을 한꺼번에 완전히 포기한 것은 아니었지만, 그런 전체적인 변화를 위해서는 하나님의 말씀과 뜻에 대한 지식이 조지 뮬러가 소유한 것보다 훨씬 더 많이 요구되었다. 하지만 새롭게 구별하고 거룩하게 하는 능력이 그의 내부에서 작동하고 있었다. 그는 악한 즐거움과 과거의 친구들에게 흥미를 잃었다. 자주 가던 술집도 끊고, 거짓을 말하던 입도 새롭게 달라진 것 같았다. 입에는 불침번이 세워지고, 그리고 말할 때마다 조심하다 보니 닥치는 대로 말하던 과거의 버릇이 교정되었다.

　당시 그는 파리를 비롯한 여러 곳을 여행하는 데 필요한 경비 때문에 프랑스 소설을 독일어로 번역하는 작업을 하고 있었다. 그러나 즐거움을 위한 여행 계획은 일차적으로 취소되었고, 이어서 그 작업을 계속해야 할지가 문제가 되었다. 확신이 서지 않았는지, 아니면 도덕적인 용기가 부족했는지 번역일은 계속했다. 그러나 일은 끝냈지만 출판하지는 않았다. 섭리대로 원고의 판매나 출판이 이루어지지 않거나 연기되었다. 더 확실해진 영적인 시각 때문에 그 모든 일이 믿음과 무관한 죄악이라는 것을 알게 되었고, 그래서 원고를 팔거나 출판하지 않고 불태웠다. 그것은 또 다른 중요한 진전이었다. 성령의 음성에 순종해서 자신을 부정한 최초의 용기 있는 행동이었기 때문이다. 이렇게 또 다른 목재와 석재가 건물의 완성을 위해 마련되었다.

이제 그는 다른 방향에서 악을 상대로 선한 싸움을 시작했다. 여전히 연약해서 시험에 자주 넘어졌지만 습관적으로 계속해서 죄를 짓거나 하나님을 거슬러서 경건한 슬픔을 유발하지는 않았다. 공공연한 죄가 줄어들고 은밀한 죄를 저지르는 횟수도 잦아들었다. 하나님 말씀을 읽고, 자주 기도하고, 동료 성도를 사랑하고, 올바른 생각으로 교회 모임에 참석했으며, 함께 공부하는 친구들이 비웃고 비난해도 새로운 주인을 과감하게 편들었다.

새로운 길을 가는 조지 뮬러의 확고한 다음 걸음은 하나님 말씀이 얼마나 소중한지 깨닫는 것이었다. 처음에 그는 자신이 나중에 탐구하게 된 자원이 풍부한 깊은 광산이 존재한다는 것 정도만 알고 있었다. 하지만 그의 개인사가 모두 어떤 위대한 본문과 밀접해서 중요한 대목마다 이야기의 전개에 끼어들게 된다. 그리고 그 모든 것 가운데서도 요한복음 3장 16절이라는 '작은 복음서'가 무엇보다 중요하다. 그것 덕분에 완전한 구원을 발견했기 때문이다. "하나님이 세상을 이처럼 사랑하사 독생자를 주셨으니 이는 그를 믿는 자마다 멸망하지 않고 영생을 얻게 하려 하심이라."

조지 뮬러는 이 말씀을 통해 처음으로 구원의 계획에 포함된 철학을 접했다. 주 예수 그리스도께서 우리의 죄를 대속하려고 십자가에 달리신 이유와 과정, 그리고 겟세마네와 골고다의 고난이, 회개하고 믿는 죄인이 죄악을 짊어지고 죽어야 할 필요가 영원히 사라지게 된 사연을 알게 된 것이다. 이 사실을 실제로 파악하는 게 진정한 구원에 이르는 믿음의 시작이다. 성령이 "굳게 붙잡으라"고 말씀하신 게 바로 그것이다. 하나님이 먼저 사랑하셨다는 사실을 믿어 알고, 그에 대한 응답으로 하나님을 사랑하고, 그리고 사랑 때문에 역사하는 믿음으로 마음을 정결하게 하는 사람이 삶을 변화시키고 세상을 이긴다.

조지 뮬러가 그랬다. 그는 하나님 말씀에서 한 가지 위대한 사실, 즉 그리스도 안에 있는 하나님의 사랑을 발견했다. 믿음은 감정이 아니라 그런 사실에 기초했다. 그러면 기다리거나 찾아다니지 않아도 자연스레 감정이 생겨났다. 그리스도 안에 있는 하나님의 사랑은 그에게 사랑을 따르도록 만들었다. 실제로는 그럴 만한 자격이 전혀 없었지만 이전에는 알지 못했던 새로운 자극을 가져다주었다.

아버지의 명령, 체벌, 애원, 뮬러 자신의 양심이 내리는 긴급한 모든 요구, 편의에 따른 동기, 그리고 반복된 개선의 결단은 모두 별다른 효과를 발휘하지 못했다. 하지만 하나님의 사랑이 그것을 가능하게 해서 죄악된 방종의 삶을 포기하게 만들었다. 그렇게 해서 뮬러는 초반에 이중적인 진리를 익혔다. 나중에 그는 하나님의 속죄양이 흘리신 피가 용서와 정화의 원천이라는 진리를 다른 이들에게 열정적으로 가르쳤다. 죄의 용서를 구하든지 아니면 죄에 대한 능력을 구하든지 간에 그것의 유일한 근원과 비결은 우리를 위한 그리스도의 사역 안에 존재한다.

1826년의 새해는 새롭게 태어난 이 사람에게는 진정으로 새로운 해였다. 뮬러는 이제 선교잡지를 읽기 시작했고 덕분에 마음에 새로운 불길이 일었다. 아직은 그렇게 지적이지는 않더라도 해외선교사가 되고 싶다는 생각을 하게 되었고, 자주 기도하는 만큼 그런 기대가 더욱 깊어지고 확실해졌다. 세계에 대한 지식이 늘게 되자 이방인들의 빈곤과 비참함에 대한 새로운 사실들은 이런 선교정신이 계속 타오르도록 연료가 되어주었다.

그렇지만 한동안 육적인 집착이 내적인 하나님의 이 불길을 거의 사그라지게 만들었다. 뮬러는 비슷한 나이의 젊은 여성에게 마음을 빼앗겼다. 그는 믿음생활을 하는 그녀를 토요일 저녁 모임에서 만났다. 그런데 그가 보기에는 그녀의 부모가 선교사 생활을 용납할 것 같지 않았다. 그래서 거의 무의식적으로 사역에 대한 갈망과 그녀에 대한 열정을 가늠하기 시작했다. 이끌림이 의무를 앞질렀다. 기도의 능력이 사라지고 한동안 제대로 기도할 수 없었다. 그에 따라서 기쁨도 찾을 수 없었다. 외국의 현장에 관한 관심이 줄고 자기를 부인하는 사역을 실제로 멀리했다. 이런 영적인 위축이 6주 동안 계속되자 하나님은 전에 없던 방법으로 그를 회복시키셨다.

젊은 형제 헤르만 볼(Hermann Ball)은 부유하고 교양 있고 세상에서 전도유망한 사람이었다. 하지만 그는 이 모든 것을 내려놓고 자신을 희생했다. 그는 폴란드를 선교현장으로 선택해서 유대인을 상대로 사역했다. 그는 집에서 머물거나 방종하고 호화로운 생활을 하려고 하지 않았다. 이런 선택은 젊은 뮬러에게 강력한 인상을 남겼다. 그는 자신의 삶과 비교하지 않을 수 없었다. 자신은 젊은 여성에 대한 열정적인 사랑 때문에 하나님의 인도를 받는 것으로 생각했던 사역을 포기하고 기쁨과 기도를 잃어버렸지만, 세상적으로 훨씬 더 매력적인 다른 젊은이는 괄시당하는 폴란드의 유대인을 헌신적으로 섬기려고 세상의 즐거움과 보화를 모두 내려놓았다. 헤르만 볼이 자신의 생애에 위기가 닥쳤을 때 모세처럼 행동하고 선택했던 반면에, 조지 뮬러는 볼품없는 먹거리와 장자의 권리를 맞바꾼 속물적인 에서처럼 행동하고 선택했다. 결과는 새로운 포기였다. 그는 자신이 사랑한 여성을 단념했고, 믿음이나 기도와 무관하게 맺은 관계를 끝내면서 그것을 하나님으로부터 소외를 가져온 원인으로 인정했다.

여기서 우리는 뮬러가 일생의 사역을 준비하는 과정에서 새롭고 중요한 또 다른 단계를 확인할 수 있다. 그것은 이후의 삶을 규정한 결정적인 단계였다. 하나님을 위해 두 번째로 내린 결정 때문에 자기부인이라는 값을 치르게 되었다. 과거에 그는 소설을 불태웠다. 이제 그는 똑같은 제단 위에서 부정한 영향을 끼쳤던 인간의 정욕을 불태웠다. 여기까지 돌아보면 조지 뮬러는 남김없이 하나님께 완전히 헌신했고, 그렇게 해서 빛 안에서 걸어가고 있었다. 그는 보상을 받으려고 오래 기다릴 필요가 없었다. 하나님은 인간의 사랑을 잃은 것에 대해 미소로 응답하셨고, 평강의 하나님이 함께한 덕분에 하나님의 평강이 그의 몫이 되었다.

내적인 기쁨이 솟구칠 때마다 그것을 배출할 수 있는 통로가 필요하다. 그래서 뮬러는 증거하고 싶은 마음이 간절해졌다. 그는 아버지와 형에게 자신의 행복한 경험을 편지에 담아 하나님 안에서 같은 평안을 누리도록 호소했다. 그들도 기쁨을 누릴 길을 알면 똑같이 그것을 갈망할 수밖에 없을 것으로 생각했다. 하지만 돌아온 답변은 분노뿐이었다.

비슷한 시기에 유명한 톨룩 박사가 할레대학교 신과대학의 주임교수가 되었다(프리드리히 톨룩(Friedrich Tholuck, 1799-1897)에 관해서 루이스 스턴즈(Lewis Sterns)는 이런 글을 남겼다. "톨룩 교수는 제자들에 대해 불타는 정열을 가지고 있었다. …그들의 삶의 방향을 고귀하고 신성한 방향으로 이끄는 것을 기뻐했다. 독일과 영국, 그리고 미국의 많은 학생이 톨룩 교수의 영향력 아래서 영적생활을 할 수 있었다. …미국의 젊은 신학자 하지는 톨룩의 제자가 되어 깊은 감화를 받았다."(Charles F. Thwing, American and the German University: One Hundred Years of History, 이형행 역, 「대학과 학문」(서울: 연세대학교출판부, 1979), 155쪽-역주).

상당히 경건한 인물이 교수진에 합류하자 다른 대학의 경건한 학생들이 모여들었고, 덕분에 조지 뮬러가 만나는 동료 성도의 숫자도 늘었다. 그들은 품위 있게 도움을 주었다. 선교에 대한 생각도 당연히 되살아났고, 그런 열정이 커지자 독일의 선교기관에 소속될 수 있게 해달라고 아버지에게 허락을 구했다. 아버지는 크게 화를 냈을 뿐 아니라 낙심한 나머지 대놓고 책망했다. 자신이 교육에 투자한 모든 비용은 안락한 집과 노후를 보장받는 삶을 위한 것이었다고 강조했다. 분이 안 풀린 아버지는 더는 자식으로 인정하지 않겠다고 목소리를 높였다.

그래도 아들이 전혀 태도를 바꾸지 않자 자세를 바꿔서 위협이 아니라 눈물로 매달렸다. 그것은 비난보다 감당하기가 훨씬 더 어려웠다. 둘 사이의 대화는 아들의 일생에 걸친 사역을 준비하는 데 중요한 세 번째 단계가 되었다. 어떤 희생을 치르더라도 하나님의 인도하심을 따르겠다는 뮬러의 결심은 무너지지 않았다. 하지만 이제는 "더욱 철저히 하나님을 의지할 때만 인간으로부터 독립할 수 있고, 그리고 이후로는 아버지로부터 더는 돈을 받을 수 없다"는 사실을 확실히 깨달았다.

그런 도움을 받게 되면 아버지의 요구에 순종하겠다는 뜻이었다. 아버지의 분명한 기대에 조금도 부응할 생각이 없는 이상 훈련 비용을 바라는 것은 분명히 잘못이었다. 그가 아버지의 돈을 의지해서 살아가면 아버지의 계획대로 무언의 의무를 감당하며, 고향에서 성직자로서 안정된 삶을 좇는 것이었다. 덕분에 조지 뮬러는 자신의 생각을 고수하려면 반드시 독립해야 한다는 값진 교훈을 처음부터 익히게 되었다.

하나님은 젊은 종이 자신에게서 필요한 것을 공급받도록 인도하셨다. 이 단계는 대가가 따랐다. 이후로 대학에서 2년을 보내는 동안 과거 어느 때보다 더 큰 비용이 필요했다. 하지만 뮬러는 어려울 때 하나님이 성실한 공급자이자 친구가 되어주신다는 사실을 일찍부터 알게 되었다. 그 직후에 할레에 머물던 일부 미국인들 가운데 대학교수 셋이 독일어를 배우고 싶어 해서 톨룩 박사가 조지 뮬러를 개인교사로 추천했다(그들 가운데 한 사람이 찰스 하지(Charles Hodge, 1797-1878) 목사였다. 나중에 하지는 프린스턴 신학대학원의 교수로 유명해졌다-역주). 그들이 수업료와 강의안의 대필 비용을 아주 넉넉히 지급해서 생활에 어려움이 없었다. 덕분에 젊은 시절 그의 기억 속에는 하나님 말씀에 나오는 황금 같은 구절이 선명히 새겨졌다. "너희 성도들아 여호와를 경외하라. 그를 경외하는 자에게는 부족함이 없도다"(시 34:9).

## 쓰임받는 그릇으로 새롭게 빚어지다

할레의 성숙한 제자들은 조지 뮬러에게 하나님의 인도하심을 위해 잠시 조용히 기다리면서 선교현장으로 가려는 절차를 더는 추진하지 말라고 조언했다. 하지만 뮬러는 그 문제를 떨쳐버리는 게 불가능하다 생각했고, 그렇게 서두르다 보니 인간적인 방법으로 결정하는 잘못을 범하게 되었다. 그는 제비뽑기는 물론이고 복권을 맞추는 제비뽑기까지 의지했다. 달리 말하자면 그는 속으로 제비뽑기를 먼저 하고 나서 복권을 산 것이다. 복권을 맞추는 행운의 바퀴를 돌리면 하나님을 섬기는 선교현장을 고르는 엄숙한 문제를 결정하는 과정에서 인도받을 수 있다고 기대한 것이다. 복권이 당첨되면 가고, 그렇지 않으면 집에서 머물 생각이었다. 약간의 금액이 당첨되자 그는 당연히 표적으로 받아들이고서 곧장 베를린선교협회에 지원했다. 하지만 아버지의 동의가 없는 지원은 받아들여지지 않았다.

이렇게 거룩한 손길이 인간의 생각을 배제했다. 하나님은 이렇게 중대한 순간에 함께 사역하려면 무엇보다 자신을 의지하고 기다려야 한다는 것과 급하게 서두르면 시간을 낭비하는 것보다 더 나쁘다는 사실을 깨닫지 못할 정도로 사역에 적합하지 않은 뮬러를 선교현장에 들이지 않으셨다. 하나님은 모세를 노예가 된 이스라엘에게 보내기 전에 40년을 기다리게 했고, 다소의 바울을 여러 민족에게 사도로 보내기에 앞서 아라비아 광야에서 3년을 지내게 했으며, 그리고 자신의 아들이 메시아로 등장하기 전까지 30년간 무명생활을 하게 하셨다. 이런 하나님에게 다른 종들을 서둘러 보내야 할 이유는 없었다. 하나님은 너무 서두르는 영혼들에게 이렇게 말씀하신다. "내 때는 아직 닥치지도 않았는데, 너희 때는 항상 준비되어 있구나."

이후로 조지 뮬러는 두 차례 더 제비뽑기에 의지했다. 한 번은 길을 잃었다가 갈림길에서, 그리고 나중에는 훨씬 더 중요한 문제 때문에 그랬지만 결과는 모두 같았다. 둘 다 효과가 없었다는 것을 알고부터는 운에 의지해서 하나님의 뜻을 구하는 방법을 완벽하게 포기했다. 뮬러는 이 경험을 통해 하나님의 새로운 방식을 한층 더 철저히 깨닫게 해준 두 가지 교훈을 익혔다. 첫째는 어떤 위기 상황에서도 안전한 지침은 하나님 말씀에 근거한 기도를 믿는 것이라는 사실이었으며, 둘째는 앞길이 줄곧 불확실하면 계속해서 기다려야 한다는 뜻이라는 사실이었다.

우리는 이 교훈을 가볍게 여겨서는 안 된다. 너무 소중하기 때문이다. 육신은 결정이나 실행 모두가 지연되는 것을 조금도 참지 못한다. 그래서 육적인 선택은 한결같이 미숙하고 성급하고 육적인 방법은 모두 그릇되고 세상적이다. 이따금 하나님은 우리를 기도하게 하려고 일을 지연시키기도 하고, 우리의 생각을 억제하고 자기의지를 하나님의 뜻에 복종시키도록 기도 응답을 미룰 때도 있다.

여러 해가 지난 뒤에 조지 뮬러는 삶을 돌아보면서 의심스러운 문제를 빨리 해결하려고 성급하게 제비뽑기를 의지한 것과 특히 선교현장에 대한 하나님의 부름이라는 문제에 그것이 적절하지 못했다는 사실을 알게 되었다. 게다가 당시에 추구하던 사역을 감당하기에 자신이 얼마나 부족했는지도 깨달았다. 오히려 그렇게 무지하고 배움이 필요한 사람이 어떻게 다른 이들을 가르칠 생각을 할 수 있었는지 자문해야 했다. 하나님의 자녀였지만 아직은 가장 기본적인 복음의 진리를 확실하게 진술하거나 설명할 수 없었다. 그래서 기도와 성경공부를 통해 일차적으로 거룩한 것에 대한 더 깊은 지식과 경험을 얻는 것이 필요했다.

그렇게 중요한 문제를 성급하게 해결하려 한 것 자체가 제대로 사역을 감당할 수 없고, 예수 그리스도의 좋은 군사로서 어려움을 참아낼 수 없다는 사실을 뜻했다. 인내하면서 기다리다 보면 늘 긴장되고 소진되는 듯한 느낌을 갖게 된다. 그것은 선교하다가 결실이 늦어질 때 반드시 뒤따르는 시험이다. 애초부터 최초의 결정이 지연되거나 하나님이 직접 결정하신 방법과 시간에 자신의 뜻을 알려주는 것을 기다리지 못하는 사람은, 수고한 농부가 소중한 결실을 기다리듯 선교현장에서 오랫동안 인내하지 못하거나 이방인을 상대로 사역할 때 직면하는 무수한 문제에 차분히 대응하지 못한다.

게다가 뮬러가 너무 확신한 나머지 제비뽑기를 따랐다면 그 선택은 일생일대의 실수가 되었을 것이다. 당시에 그는 동인도를 선교지로 염두에 두고 있었다. 하지만 이후의 모든 사건은 그를 위한 하나님의 선택이 전혀 다르다는 사실을 확실히 보여주었다. 반복된 그의 계획은 거듭 거절되었고, 이후로도 아주 치밀하고 진지하게 노력했지만 문은 열리지 않아 그의 본래 의도는 무위로 돌아갔다. 제비뽑기 역시 선교에 대한 부름을 제대로 알려주지 못했다. 그것의 목적은 분명했다. 그가 어느 때 갈 것인지가 아니라 그 당시에 가야 할지 말아야 할지를 결정하는 것이었다.

조지 뮬러의 나머지 생애에 따르면 하나님의 계획은 전혀 달랐다. 하나님은 아직 계시할 준비가 되어 있지 않으셨고, 그의 종은 그 것을 깨우치거나 따를 준비가 되어 있지 않았다. 만일 누군가의 삶을 하나님이 계획하고 있다면 이 삶이 바로 그랬다. 하나님의 계획이 드러나서 확실하고 강력한 인도하심이 있었지만 방향은 달랐다. 하나님은 조지 뮬러를 위해서 인도보다 더 큰 사역지를 염두에 두셨고, 이방인에게 복음의 메시지를 전하는 것보다 더 광범위했다. 그는 비두니아로 가려고 애쓸 필요가 없었다. 마게도냐에서의 사역이 기다리고 있었다.

조지 뮬러는 기도하면서 마음에 품고 있는 모든 문제를 하나님께 더욱 자주, 열심히, 자세하게 내려놓았다. 이 사내는 특별히 성도들에게 중보기도자의 모범이 되어야 했다. 그래서 하나님은 처음부터 그에게 아주 단순하면서도 아이처럼 의지하는 성품을 주셨다. 그가 어린 시절을 벗어나서 어른이 되려면 지식이나 능력에서 많은 것이 필요했다. 무지해서 실수를 저지르거나 연약함을 극복해야 한다는 것은 성숙하지 않다는 뜻이기 때문이다.

하지만 믿음이나 사랑에는 계속해서 어린아이였다. 허드슨 테일러(J. Hudson Taylor)는 본성에 따르면 어린아이에서 성인으로 성장하는 게 정상적인 순서지만, 은총에는 계속해서 역순으로 이루어지는 게 진정한 발전이라는 사실을 일깨워주었다. 우리는 줄곧 어린아이가 되어야 할 뿐 아니라 어린아이 같은 마음을 잃어버려서는 안 된다. 제자의 가장 성숙한 모습은 완벽한 어린아이가 되는 것뿐이다. 조지 뮬러가 93세였을 때 하나님 아버지와의 모든 관계에 있어서는 실제로, 진정으로, 완벽하게 어린아이를 닮아 있었다.

그렇게 섭리가 작용해서 인도에 가지 못한 뮬러는 하나님과 동역하는 데 필요한 거룩한 기술에 대한 지식이 충분하지 못했지만 집에서 사역을 확실하게 시작했다. 다른 이들에게 영혼의 행복을 알리고, 죄에 빠진 과거의 친구들에게 편지를 보내고, 소책자와 선교소식지를 돌렸다. 그런 노력은 격려를 받기도 했지만 그의 방법은 서투르고 엽기적일 때도 있었다. 들에서 어떤 부랑인에게 구원의 필요를 설명하면서 무관심을 어찌 해보려고 목소리를 높인 적도 있었다. 고함을 질러서 부랑인의 완고한 마음을 제압하려고 했던 것 같다.

1826년에 처음으로 설교했다. 할레에서 상당한 거리에 사는 교사가 그 덕분에 주님께 돌아왔다. 그런데 이 교사는 뮬러에게 연로한 교구목사를 도와달라고 부탁했다. 신학생이라서 자유롭게 설교할 수는 있었지만 부족한 지식이 발목을 잡았다. 그는 다른 사람들의 설교를 암기해서 청중에게 도움을 줄 수 있다고 생각하고서 요청을 받아들였다. 그러나 준비하는 게 쉽지 않았다. 설교를 암기하는데 거의 한 주가 걸렸다. 그것을 전하는 것도 즐겁지 않았다. 하나님이 허락하신 메시지와 증거를 전하는 사람에게 수반되는 살아 있는 능력이 전혀 없었다.

다른 사람들의 설교를 이용하는 게 잘못이라는 것을 깨달을 수 있을 정도로 양심이 깨어 있지도 않았다. 하나님 말씀이나 성령의 내적인 생명을 잘 모르는 사람에게 설교를 맡기는 게 하나님의 방식이 아니라는 사실을 알 수 있는 영적 통찰력도 없었다. 설교자들 가운데는 설교를 단순히 인간의 직업이 아니라 신적인 소명으로 간주하는 이들이 거의 없었다. 그러다 보니 다른 사람들의 설교를 전하는 것은 꼭두각시와 다를 바 없었다.

1826년 8월 27일 아침 8시에 지교회에서 암기한 설교를 겨우 끝내고, 3시간 뒤에는 교구교회에서 설교했다. 오후에 또다시 설교해 달라는 부탁을 받았지만 암기한 설교가 없어서 입을 다물거나 하나님을 의지할 수밖에 없었다. 그는 적어도 마태복음 5장 정도는 읽고 간단하게 설명할 수 있을 것 같았다. 그런데 팔복 가운데 첫 구절을 읽기 시작하자 자신에게 큰 도움이 되고 있다는 느낌이 들었다. 그의 입술은 물론, 성경까지 함께 열렸다. 자신감이 생겨났고 간단하게 설명해 나가는 오후 설교에, 아침에 기계적으로 설교할 때는 전혀 느끼지 못했던 평화와 능력이 뒤따랐다. 그뿐만 아니라 그는 사람들의 수준에 맞춰서 말했는데 대화식으로 진지하게 말하는 설교가 사람들의 관심을 사로잡았다.

할레로 돌아온 그는 "이것이 바로 진정한 설교의 방법"이라고 자신에게 말했다. 하지만 그런 단순한 방식의 강해설교가 교양을 갖춘 세련된 도시의 교인들과 잘 어울리지 않을지도 모른다는 생각마저 떨쳐버릴 수 없었다. 그는 아직 인간의 지혜에서 비롯된 매력적인 말이 그리스도의 십자가에 조금도 영향을 발휘하지 못하고, 글을 모르는 사람들이 알아듣는 아주 단순한 설교는 높은 교양을 갖춘 이들까지 이해시키지만 그 반대는 불가능하다는 것을 배워야 했다.

이후의 사역을 준비하는 데 아주 중요한 또 다른 단계가 여기에 있었다. 그는 평생 가장 단순하고 성경적인 설교자 가운데 한 사람으로 평가받았다. 강단에서의 이 첫 시험 덕분에 설교가 잦아졌고, 그리스도 안에 있는 단순한 그의 설교에 비례해서 사역의 즐거움과 수확이 늘어갔다. 위대한 설교자의 열정적인 설교는 인간의 지지를 이끌어낼 수 있지만 하나님이 높이 사는 설교는 단순하게 말씀을 전하고 성도들에게 말씀을 소개하는 것이다. 당시 그의 설교는 하나님께 많은 결실을 돌리지 못했다. 하나님은 그가 추수하거나 씨를 뿌릴 준비가 되어 있지 않다는 것을 분명히 알고 계셨다. 아직도 준비하면서 기도가 너무 적고 설교의 열정이 너무 부족해서 그의 노력에 비해 소득은 부족했다.

이 무렵에 뮬러는 또 다른 단계를 밟았다. 아마 이것은 여태껏 그의 이름과 긴밀하게 결합한 사역과 정확하게 일치하는 가장 중요한 단계일 것이다. 뮬러는 프랑케가 세운 유명한 고아원에서 가난한 신학생을 대상으로 마련한 무료숙소를 대략 두 달 정도 이용했다(아우구스트 프랑케는 슈페너와 더불어 침체된 루터교회를 갱신하기 위한 경건운동을 주도했다. 프랑케는 할레 지역에 고아원과 기숙학교를 비롯한 다양한 학교들을 설립해서 독일 교육에도 큰 영향을 끼쳤다. 프랑케에 관해서는 이성덕, 「경건과 실천 : 독일 경건주의와

A. H. 프랑케 연구」(서울: CLC, 2009)를 볼 것-역주).

할레대학의 교수를 지내고서 백 년 전(1727년)에 세상을 떠난 이 경건한 인물은 전적으로 하나님을 의지해서 고아원을 설립할 수 있었다. 뮬러가 브리스톨에서 일평생 추구한 사역은 할레에 있는 프랑케의 고아원에서 암시를 받고 모범을 따른 것이었다. 이 젊은 학생이 묵었던 바로 그 건물이 실물교육이 되었다. 살아 계신 하나님이 기도를 듣고 기도에 대한 응답만으로도 고아들을 위한 건물을 건축할 수 있다는 가시적이고 진실하고 실질적인 증거였다. 그 교훈은 절대 사라지지 않았고, 덕분에 뮬러가 그런 거룩한 수고를 전승하게 되었다. 그는 자신의 사역이 프랑케가 보여준 기도에 대한 단순한 신뢰에 얼마나 신세를 졌는지 자주 거론했다. 7년 뒤에 그는 프랑케의 생애를 알게 되었고, 그 덕분에 그리스도를 따랐던 프랑케처럼 그의 뒤를 좇겠다는 생각이 더욱 강해졌다.

이 초창기에 조지 뮬러의 영적인 삶은 이상하리만치 기복이 심했다. 가령 루터교회의 신학생이었던 뮬러는 설교를 작성했고 죄를 짓지 않으려고 그리스도의 고난을 떠올릴 수 있게 방에 십자가를 걸어두었다. 하지만 그런 노력은 별다른 효과가 없었다. 그런 인위적인 도구를 의지하는 동안에 죄를 더 자주 짓는 것 같았기 때문이다.

당시 그는 가끔 하루에 14시간씩 글을 쓸 정도로 과로하다가 신경쇠약을 앓았고 그 때문에 여러 가지 유혹을 받게 되었다. 포도주와 맥주를 판매하는 상점에 들렀다가 자신의 성도답지 않은 행동 때문에 양심의 가책에 시달렸다. 그러다가 그는 심판보다 애정 어린 자비를 베푸시는 하나님께 전혀 감사하지 않았다는 사실을 깨달았다.

뮬러는 부유하고 교양 있는 귀족 출신의 어느 부인에게 돈을 빌려달라는 편지를 보냈다. 그러자 요구한 금액이 한 통의 편지와 함께 정확하게 도착했다. 그런데 그것은 그녀가 아니라 '특별한 섭리'를 따라서 그의 편지를 전달받은 다른 사람이 보낸 것이었다. 편지에는 "구세주 예수 그리스도를 섬기는 예배자"라고 서명되어 있었다. 요구받은 돈을 보내준 그 사람은 지혜로운 경고와 조언을 덧붙였다. 그 말은 조지 뮬러에게 꼭 필요해서 하나님이 익명의 사람을 인도하셨다는 것을 쉽게 알 수 있었다. 편지의 내용은 "모든 허영과 자만을 벗어날 수 있게 조심하고 기도할 것"과 "더욱더 겸손하고 신실하고 차분해지는 것을 일차적인 목적으로 삼고서 '주여, 주여'라고 말하면서 속으로는 그러지 않는 이들과 달라야 한다"고 강조했다. 그는 "기독교가 말이 아니라 능력에 있고, 그리고 우리 안에 생명이 있어야 한다"는 것을 함께 생각하게 되었다.

뮬러는 하나님이 익명의 손길을 통해 전달하신 메시지에 큰 감동을 받았다. 당시에 그는 더 나아가서 그것 덕분에 제자답지 않은 행동에 죄책감을 느꼈을 뿐 아니라 하늘의 아버지를 깊이 생각하게 되었다. 그는 혼자 산책하다가 울타리 뒤에서 무릎을 꿇고 하나님의 자비와 감사를 모르는 자신의 모습에 너무 집중하다가 쌓이는 눈에도 아랑곳하지 않고 반 시간 동안 찬양하고 기도하면서 자신을 내려놓았다.

하지만 인간의 마음이 너무 간사하다 보니 몇 주 뒤에는 본래의 모습으로 돌아가서 한동안 경솔하게 기도를 포기하고, 또 하루는 양심의 소리를 포도주잔에 담아 삼키기도 했었다. 그러나 자비하신 아버지는 어리석고 죄에 빠진 자녀를 포기하지 않으셨다. 한때 말할 수 없이 타락했던 그가 이제는 몇 잔 술도 감당하기 어려웠다. 그런 즐거움에 대한 흥미가 사라지자 양심과 하나님 영의 작고 고요한 음성을 가로막던 힘까지 자취를 감추었다.

그렇게 기독교적으로 동요를 경험한 것은 거룩한 교제와 경건한 친구들 덕분이었다. 제자는 예외 없이 거룩한 삶의 도움을 받아야 한다. 이 젊은 그리스도인은 함께하는 동료 성도들의 영적인 도움이 절실했다. 방학 때 뮐러는 아버지의 집에서 어느 정도 거리에 있는 모라비아인의 거주지 그나다우에서 새로운 영적인 능력을 찾아냈다. 하지만 할레에서는 별다른 도움을 발견하지 못했다. 자주 교회에 갔지만 제대로 복음을 들을 수 없었다. 그 도시에는 기독교인이 목사들까지 포함해서 3만 명이 넘었다. 그런데도 그는 목사다운 목사를 전혀 만나지 못했다. 그래서 톨룩 박사 같은 설교자의 설교를 들을 수 있다면 그런 특권을 좇아서 상당한 거리도 마다치 않고 걸어 다녔다.

모임은 바그너의 집에서 계속되었다. 그리고 주일 저녁에는 여섯 명 이상의 그리스도인 학생들이 함께 모였다. 이 두 개의 집회는 은총의 통로가 되었다. 1827년 부활절 때부터 뮬러는 두 번째 모임을 자신의 방에서 가졌다. 그가 할레에 머무는 동안 계속된 그 모임은 백 년 전에 웨슬리 형제와 조지 휘트필드가 위대한 사역을 위해 옥스퍼드대학의 링컨 칼리지에서 몇 명이 만든 '홀리 클럽'(Holy Club)과 어깨를 나란히 할 정도였다. 조지 뮬러가 할레를 떠날 때까지 그의 방에서 매주 진행된 모임의 참석자는 20명으로 늘어났다.

이 모임은 아주 단순하고 소박했다. 기도와 찬양과 말씀 읽기 이외에도 한두 명의 형제가 권면하거나 경건서적에서 발췌한 내용을 읽었다. 젊은 조지 뮬러는 여기서 자신의 마음을 다른 이들에게 기꺼이 열었고, 함께하는 이들의 조언과 기도 덕분에 여러 유혹에서 벗어날 수 있었다.

하지만 성경이 모든 지혜의 근원이자 능력이라는 한 가지 교훈은 여전히 익히지 못했다. 실제로 많은 제자가 하나님의 책보다는 신앙서적을 더 선호한다. 그는 적지 않은 그리스도인이 대부분 쓸데없는 책들을 읽는 데 정신을 쏟는다는 사실을 알게 되었다. 프랑스와 독일의 소설들이 그런 책들이었지만 그는 아직도 하나님 말씀을 날마다 체계적으로 읽는 습관은 갖지 못했다. 성경 이외의 책들을 철저히 배제하는 것은 나중에나 가능했다. 뮬러는 92세가 되었을 때 필자에게 일반 책보다 성경 말씀을 열 배씩 읽었다고 말했다. 그런데 1825년 11월에 기도에 힘쓰는 한 무리의 제자들을 만나기 전까지는 책 중의 책을 한 장도 읽은 기억이 없었다. 그리고 처음으로 새로운 삶을 살았던 4년 동안 살아 있는 하나님의 말씀보다는 영감을 받지 못한 사람들의 작품을 더 많이 읽었다.

뮬러는 성경의 진정한 맛을 느끼고 나자 자신이 어떻게 하나님의 말씀을 그렇게 외면했는지 이해할 수 없었다. 하나님이 직접 저자가 되어 거룩한 사람들에게 성경을 쓰도록 영감을 주고 가장 중요한 진리를 주려고 했다는 게 분명해 보였다. 하나님 말씀에는 인간의 행복에 관한 모든 문제가 포함되어 있기 때문에 우리는 의무감과 즐거움이라는 이중적인 충동에 순응해서 본능에 따라, 또 습관적으로 성경을 읽어야 한다. 게다가 뮬러는 하나님 말씀을 읽고 공부하면서 성경의 유일한 저자와 점점 더 친숙해지고 있다는 사실을 깨달았다. 그는 자신의 생애 마지막 20년 동안 해마다 네댓 차례씩 성경을 꼼꼼히 읽었고, 그 덕분에 하나님에 대한 지식이 급격히 늘어나는 것을 더 크게 느꼈다.

진정한 성도라면 이미 거론된 성경공부의 동기들을 그냥 지나칠 수 없다. 예술평론가 존 러스킨(John Ruskin)은 「왕의 보고」(Of the King's Treasuries)를 집필하면서 '상류사회에 들어가는 것'을 뜻하는 '출세'라는 일반적인 소망을 거론했다. 이 세상의 위대하고 높은 인물을 소개받는 데 장애물이 그렇게 많다면 그들에게 합류해서 인간 세상의 임금을 만나는 것은 얼마나 더 어려울까! 하지만 우리의 무지와 가난과 부족함과 무관하게 내키는 대로 만나고 대화할 수 있는 최상류층 사회, 즉 저자들의 사회가 활짝 열려 있다. 그리고 그들의 은밀한 방을 여는 열쇠는 바로 그들의 책이다.

러스킨의 글은 모두 아름다운 진실이다. 하지만 성도들 사이에서 말씀 덕분에 우주의 위대하신 저자에게 다가갈 수 있는 특권이 있다는 사실을 알고 있는 이들은 정말로 적다. 가난하든 부유하든, 지위가 높든 낮든, 지식이 있든 없든, 젊었든 늙었든 간에 모두 예외 없이 왕 중의 왕을 접견하는 방에 들어갈 수 있다. 하나님에 대한 가장 친숙한 지식은 한 가지 조건에 따라서 가능하다. 즉 우리는 기도하면서 습관적으로 성경을 자세히 읽고 깨달은 것을 순종으로 표현해야 한다. 이렇게 하나님의 법을 밤낮으로 묵상하고, 이 완전한 자유의 법을 계속 읽는 사람에게는 특별한 언약이 주어지는데, 그것을 신구약성경에서 확인할 수 있다. "그가 하는 모든 일이 다 형통하리로다"(시 1:3). "어디로 가든지 형통하리니"(수 1:7). "그 행하는 일에 복을 받으리라"(약 1:25).

조지 뮬러는 이런 기쁨과 성공의 근원을 발견하자마자 생수가 솟는 이 샘에서 습관적으로 마셨다. 말년에 그는 초반에 자신이 하나님의 지혜와 능력의 원천을 무시해서 그토록 오랫동안 영적으로 무지하고 무능력한 어린아이 상태를 벗어나지 못했다고 몹시 안타까워했다. 하나님에 대한 지식이 그렇게 오랫동안 성장하지 못한 만큼 은혜의 성장 역시 동일하게 제한적일 수밖에 없었다. 그가 하나님과 가깝게 걷기 시작한 것은 영감을 받은 말씀 속에서 걸어가야 한다는 사실을 깨달을 때부터였다.

순종하는 영혼에게 그 말씀은 "내 발에 등이요 내 길에 빛"이 된다. 하나님과 긴밀하게 대화하고 싶은 사람은 성경에서 그런 교제의 지름길을 습관적으로 발견해야 한다. 하나님께 속한 사람들은 지혜롭고 강력한 좋은 배경을 가진 이들이 아니라, 하나님의 임재 안에 거하고 영감된 말씀으로 경건하게 교제하는 가난하고 약하고 멸시받는 이들일 때가 많았다. 왕의 보고(寶庫)뿐만 아니라 왕을 직접 자유롭게 만날 수 있는 열쇠의 사용법을 알고 있는 이들은 복이 있다.

특·별·수·록·2

뮬러를 기도의 사람으로 만든 성경 구절들

　　특별한 성경의 개념과 약속들은 이 하나님의 사람에게 상당한
영향을 미쳤고, 시편 119편 105절의 말씀처럼 그가 가는 길의 지침
이 될 때가 자주 있었다. "주의 말씀은 내 발에 등이요, 내 길에 빛이
니이다."

　　뮬러가 갈림길에 도달할 때마다 올바른 방향을 지시하시는 하나
님의 표지판이 된 성경 구절들을 그가 도움을 받은 순서대로 여기에
소개한다. 그 성경 구절들을 묵상해보면 그의 삶을 개괄하는 일종의
영적 자서전이라는 게 드러날 것이다.

　　"하나님이 세상을 이처럼 사랑하사 독생자를 주셨으니 이는 그
　　를 믿는 자마다 멸망하지 않고 영생을 얻게 하려 하심이라"(요
　　3:16).

"무릇 사람을 믿으며 육신으로 그의 힘을 삼고 마음이 여호와에게서 떠난 그 사람은 저주를 받을 것이라"(렘 17:5).

"너희 성도들아 여호와를 경외하라. 그를 경외하는 자에게는 부족함이 없도다"(시 34:9).

"피차 사랑의 빚 외에는 아무에게든지 아무 빚도 지지 말라"(롬 13:8).

"너희는 먼저 그의 나라와 그의 의를 구하라. 그리하면 이 모든 것을 너희에게 더하시리라"(마 6:33).

"성경은 능히 너로 하여금 그리스도 예수 안에 있는 믿음으로 말미암아 구원에 이르는 지혜가 있게 하느니라"(딤후 3:15).

"구하라. 그리하면 너희에게 주실 것이요 찾으라. 그리하면 찾아낼 것이요 문을 두드리라. 그리하면 너희에게 열릴 것이니 구하는 이마다 받을 것이요 찾는 이는 찾아낼 것이요 두드리는 이에게는 열릴 것이니라"(마 7:7-8).

"너희가 내 이름으로 무엇을 구하든지 내가 행하리니 이는 아버지로 하여금 아들로 말미암아 영광을 받으시게 하려 함이라. 내 이름으로 무엇이든지 내게 구하면 내가 행하리라"(요 14:13-14).

"그러므로 내가 너희에게 이르노니 목숨을 위하여 무엇을 먹을까 무엇을 마실까 몸을 위하여 무엇을 입을까 염려하지 말라. 목숨이 음식보다 중하지 아니하며 몸이 의복보다 중하지 아니하냐. 공중의 새를 보라. 심지도 않고 거두지도 않고 창고에 모아들이

지도 아니하되 너희 하늘 아버지께서 기르시나니 너희는 이것들 보다 귀하지 아니하냐. 너희 중에 누가 염려함으로 그 키를 한 자라도 더할 수 있겠느냐. 또 너희가 어찌 의복을 위하여 염려하느냐. 들의 백합화가 어떻게 자라는가 생각하여 보라. 수고도 아니하고 길쌈도 아니하느니라. 그러나 내가 너희에게 말하노니 솔로몬의 모든 영광으로도 입은 것이 이 꽃 하나만 같지 못하였느니라. 오늘 있다가 내일 아궁이에 던져지는 들풀도 하나님이 이렇게 입히시거든 하물며 너희일까 보냐. 믿음이 작은 자들아. 그러므로 염려하여 이르기를 무엇을 먹을까 무엇을 마실까 무엇을 입을까 하지 말라. 이는 다 이방인들이 구하는 것이라. 너희 하늘 아버지께서 이 모든 것이 너희에게 있어야 할 줄을 아시느니라. 그런즉 너희는 먼저 그의 나라와 그의 의를 구하라. 그리하면 이 모든 것을 너희에게 더하시리라. 그러므로 내일 일을 위하여 염려하지 말라. 내일 일은 내일이 염려할 것이요 한 날의 괴로움은 그날로 족하니라"(마 6:25-34).

"사람이 하나님의 뜻을 행하려 하면 이 교훈이 하나님께로부터 왔는지 내가 스스로 말함인지 알리라"(요 7:17).

"그러므로 예수께서 자기를 믿은 유대인들에게 이르시되 너희가 내 말에 거하면 참으로 내 제자가 되고 진리를 알지니 진리가 너희를 자유롭게 하리라"(요 8:31-32).

"길 가다가 물 있는 곳에 이르러 그 내시가 말하되 보라. 물이 있으니 내가 세례를 받음에 무슨 거리낌이 있느냐. 이에 명하여 수레를 멈추고 빌립과 내시가 둘 다 물에 내려가 빌립이 세례를 베풀고"(행 8:36-38).

"무릇 그리스도 예수와 합하여 세례를 받은 우리는 그의 죽으심과 합하여 세례를 받은 줄을 알지 못하느냐. 그러므로 우리가 그의 죽으심과 합하여 세례를 받음으로 그와 함께 장사되었나니"(롬 6:3-4).

"그 주간의 첫날에 우리가 떡을 떼려 하여 모였더니"(행 20:7).

"내 형제들아 영광의 주 곧 우리 주 예수 그리스도에 대한 믿음을 너희가 가졌으니 사람을 차별하여 대하지 말라. 만일 너희 회당에 금 가락지를 끼고 아름다운 옷을 입은 사람이 들어오고 또 남루한 옷을 입은 가난한 사람이 들어올 때에 너희가 아름다운 옷을 입은 자를 눈여겨보고 말하되 여기 좋은 자리에 앉으소서 하고 또 가난한 자에게 말하되 너는 거기 서 있든지 내 발등상 아래에 앉으라 하면 너희끼리 서로 차별하며 악한 생각으로 판단하는 자가 되는 것이 아니냐. 내 사랑하는 형제들아 들을지어다. 하나님이 세상에서 가난한 자를 택하사 믿음에 부요하게 하시고 또 자기를 사랑하는 자들에게 약속하신 나라를 상속으로 받게 하지 아니하셨느냐. 너희는 도리어 가난한 자를 업신여겼도다. 부자는 너희를 억압하며 법정으로 끌고 가지 아니하느냐"(약 2:1-6).

"우리에게 주신 은혜대로 받은 은사가 각각 다르니 혹 예언이면 믿음의 분수대로, 혹 섬기는 일이면 섬기는 일로, 혹 가르치는 자면 가르치는 일로, 혹 위로하는 자면 위로하는 일로, 구제하는 자는 성실함으로, 다스리는 자는 부지런함으로, 긍휼을 베푸는 자는 즐거움으로 할 것이니라"(롬 12:6–8).

"이 모든 일은 같은 한 성령이 행하사 그의 뜻대로 각 사람에게 나누어 주시는 것이니라"(고전 12:11).

"내가 선물을 구함이 아니요 오직 너희에게 유익하도록 풍성한 열매를 구함이라"(빌 4:17).

"너희를 위하여 보물을 땅에 쌓아 두지 말라"(마 6:19).

"너희 소유를 팔아 구제하여 낡아지지 아니하는 배낭을 만들라. 곧 하늘에 둔 바 다함이 없는 보물이니 거기는 도둑도 가까이 하는 일이 없고 좀도 먹는 일이 없느니라"(눅 12:33).

"만일 하늘에서 주신 바 아니면 사람이 아무것도 받을 수 없느니라"(요 3:27).

"하나님이 처음으로 이방인 중에서 자기 이름을 위할 백성을 취하시려고 그들을 돌보신 것을 시므온이 말하였으니"(행 15:14).

"너는 이것을 알라. 말세에 고통하는 때가 이르러… 악한 사람들과 속이는 자들은 더욱 악하여져서 속이기도 하고 속기도 하나니"(딤후 3:1,13).

"너희는 그들 중에서 나와서 따로 있고 부정한 것을 만지지 말라"(고후 6:17).

"이는 힘으로 되지 아니하며 능력으로 되지 아니하고 오직 나의 영으로 되느니라"(슥 4:6).

"내 은혜가 네게 족하도다"(고후 12:9).

"각 사람은 부르심을 받은 그 부르심 그대로 지내라. …형제들아 너희는 각각 부르심을 받은 그대로 하나님과 함께 거하라"(고전 7:20,24).

"모든 성경은 하나님의 감동으로 된 것으로 교훈과 책망과 바르게 함과 의로 교육하기에 유익하니"(딤후 3:16).

"네 입을 크게 열라. 내가 채우리라"(시 81:10).

"내 때가 아직 이르지 아니하였나이다"(요 2:4).

"어린아이 하나를 데려다가 그들 가운데 세우시고 안으시며 제자들에게 이르시되 누구든지 내 이름으로 이런 어린아이 하나를 영접하면 곧 나를 영접함이요 누구든지 나를 영접하면 나를 영접함이 아니요 나를 보내신 이를 영접함이니라"(막 9:36-37).

"할 수 있거든 너희로서는 모든 사람과 더불어 화목하라"
(롬 12:18).

"그들은 잠시 자기의 뜻대로 우리를 징계하였거니와 오직 하나님은 우리의 유익을 위하여 그의 거룩하심에 참여하게 하시느니라. 무릇 징계가 당시에는 즐거워 보이지 않고 슬퍼 보이나 후에 그로 말미암아 연단받은 자들은 의와 평강의 열매를 맺느니라"(히 12:10-11).

"무엇이든지 기도하고 구하는 것은 받은 줄로 믿으라. 그리하면 너희에게 그대로 되리라"(막 11:24).

"그를 믿는 자는 부끄러움을 당하지 아니하리라"(벧전 2:6).

"기도를 들으시는 주여 모든 육체가 주께 나아오리이다"(시 65:2).

"하나님을 두려워하는 너희들아 다 와서 들으라. 하나님이 나의 영혼을 위하여 행하신 일을 내가 선포하리로다"(시 66:16).

"하나님은 고아의 아버지시며"(시 68:5).

"내 아들아 여호와의 징계를 경히 여기지 말라. 그 꾸지람을 싫어하지 말라"(잠 3:11).

"아버지가 자식을 긍휼히 여김 같이 여호와께서는 자기를 경외하는 자를 긍휼히 여기시나니"(시 103:13).

"예수 그리스도는 어제나 오늘이나 영원토록 동일하시니라"(히 13:8).

"내일 일은 내일이 염려할 것이요 한 날의 괴로움은 그날로 족하니라"(마 6:34).

"여호와께서 여기까지 우리를 도우셨다"(삼상 7:12).

"너희는 여호와의 선하심을 맛보아 알지어다. 그에게 피하는 자는 복이 있도다"(시 34:8).

"모든 기름은 여호와의 것이니라"(레 3:16).

"나는 가난하고 궁핍하오나 주께서는 나를 생각하시오니" (시 40:17).

"또 여호와를 기뻐하라. 그가 네 마음의 소원을 네게 이루어주시리로다"(시 37:4).

"내가 나의 마음에 죄악을 품었더라면 주께서 듣지 아니하시리라"(시 66:18).

"여호와께서 자기를 위하여 경건한 자를 택하신 줄 너희가 알지어다. 내가 그를 부를 때에 여호와께서 들으시리로다"(시 4:3).

"여호와 이레(여호와께서 준비하심)"(창 22:14).

"내가 결코 너희를 버리지 아니하고 너희를 떠나지 아니하리라 하셨느니라. 그러므로 우리가 담대히 말하되 주는 나를 돕는 이시니"(히 13:5-6).

"너는 사람과 더불어 손을 잡지 말며 남의 빚에 보증을 서지 말라"(잠 22:26).

"보증이 되기를 싫어하는 자는 평안하니라"(잠 11:15).

"내가 너희 영혼을 위하여 크게 기뻐하므로 재물을 사용하고 또 내 자신까지도 내어주리니 너희를 더욱 사랑할수록 나는 사랑을 덜 받겠느냐"(고후 12:15).

"너희가 다 믿음으로 말미암아 그리스도 예수 안에서 하나님의 아들이 되었으니"(갈 3:26).

"너희 염려를 다 주께 맡기라. 이는 그가 너희를 돌보심이라"(벧전 5:7).

"아무것도 염려하지 말고 다만 모든 일에 기도와 간구로 너희 구할 것을 감사함으로 하나님께 아뢰라"(빌 4:6).

"예수께서 이르시되 내 말이 네가 믿으면 하나님의 영광을 보리라 하지 아니하였느냐 하시니"(요 11:40).

"우리가 알거니와 하나님을 사랑하는 자 곧 그의 뜻대로 부르심을 입은 자들에게는 모든 것이 합력하여 선을 이루느니라"(롬 8:28).

"세상을 심판하시는 이가 정의를 행하실 것이 아니니이까"(창 18:25).

"천국이 이런 사람의 것이니라"(마 19:14).

"자기 아들을 아끼지 아니하시고 우리 모든 사람을 위하여 내주신 이가 어찌 그 아들과 함께 모든 것을 우리에게 주시지 아니하겠느냐"(롬 8:32).

"온갖 좋은 은사와 온전한 선물이 다 위로부터 빛들의 아버지께로부터 내려오나니"(약 1:17).

"젊은 사자는 궁핍하여 주릴지라도 여호와를 찾는 자는 모든 좋은 것에 부족함이 없으리로다"(시 34:10).

"흩어 구제하여도 더욱 부하게 되는 일이 있나니 과도히 아껴도 가난하게 될 뿐이니라. 구제를 좋아하는 자는 풍족하여질 것이요, 남을 윤택하게 하는 자는 자기도 윤택하여지리라"(잠 11:24-25).

"주라. 그리하면 너희에게 줄 것이니 곧 후히 되어 누르고 흔들어

넘치도록 하여 너희에게 안겨주리라. 너희가 헤아리는 그 헤아림으로 너희도 헤아림을 도로 받을 것이니라"(눅 6:38).

"존귀한 자는 존귀한 일을 계획하나니 그는 항상 존귀한 일에 서리라"(사 32:8).

"가난한 자들은 항상 너희와 함께 있으니 아무 때라도 원하는 대로 도울 수 있거니와 나는 너희와 항상 함께 있지 아니하리라"(막 14:7).

"너희의 선한 것이 비방을 받지 않게 하라"(롬 14:16).

"너희 관용을 모든 사람에게 알게 하라"(빌 4:5).

"내 형제들아 너희가 여러 가지 시험을 당하거든 온전히 기쁘게 여기라. 이는 너희 믿음의 시련이 인내를 만들어 내는 줄 너희가 앎이라. 인내를 온전히 이루라. 이는 너희로 온전하고 구비하여 조금도 부족함이 없게 하려 함이라"(약 1:2-4).

"너는 마음을 다하여 여호와를 신뢰하고 네 명철을 의지하지 말라. 너는 범사에 그를 인정하라. 그리하면 네 길을 지도하시리라"(잠 3:5-6).

"정직한 자의 성실은 자기를 인도하거니와 사악한 자의 패역은 자기를 망하게 하느니라"(잠 11:3).

"너의 행사를 여호와께 맡기라. 그리하면 네가 경영하는 것이 이루어지리라"(잠 16:3).

"내게 주신 은혜로 말미암아 너희 각 사람에게 말하노니 마땅히 생각할 그 이상의 생각을 품지 말고 오직 하나님께서 각 사람에게 나누어 주신 믿음의 분량대로 지혜롭게 생각하라"(롬 12:3).

"너는 여호와를 기다릴지어다. 강하고 담대하며 여호와를 기다릴지어다"(시 27:14).

"그가 이같이 오래 참아 약속을 받았느니라"(히 6:15).

"너희가 무엇이든지 아버지께 구하는 것을 내 이름으로 주시리라"(요 16:23).

"이것이 곧 적게 심는 자는 적게 거두고 많이 심는 자는 많이 거둔다 하는 말이로다"(고후 9:6).

"값으로 산 것이 되었으니 그런즉 너희 몸으로 하나님께 영광을 돌리라"(고전 6:20).

"여호와여 주의 이름을 아는 자는 주를 의지하오리니 이는 주를 찾는 자들을 버리지 아니하심이니이다"(시 9:10).

"주께서 심지가 견고한 자를 평강하고 평강하도록 지키시리니 이는 그가 주를 신뢰함이니이다. 너희는 여호와를 영원히 신뢰하라. 주 여호와는 영원한 반석이심이로다"(사 26:3-4).

"할 마음만 있으면 있는 대로 받으실 터이요 없는 것은 받지 아니하시리라"(고후 8:12).

"견실하며 흔들리지 말고 항상 주의 일에 더욱 힘쓰는 자들이 되라. 이는 너희 수고가 주 안에서 헛되지 않은 줄 앎이라"(고전 15:58).

"우리가 선을 행하되 낙심하지 말지니 포기하지 아니하면 때가 이르매 거두리라"(갈 6:9).

"주는 선하사 선을 행하시오니"(시 119:68).

"여호와여 내가 알거니와 주의 심판은 의로우시고 주께서 나를 괴롭게 하심은 성실하심 때문이니이다"(시 119:75).

"나의 앞날이 주의 손에 있사오니"(시 31:15).

"여호와 하나님은 해요 방패이시라. 여호와께서 은혜와 영화를 주시며 정직하게 행하는 자에게 좋은 것을 아끼지 아니하실 것임이니이다"(시 84:11).

"나를 붙드소서. 그리하시면 내가 구원을 얻고 주의 율례들에 항상 주의하리이다"(시 119:117).

"보라. 내가 속히 오리니 내가 줄 상이 내게 있어 각 사람에게 그가 행한 대로 갚아주리라"(계 22:12).

"주는 것이 받는 것보다 복이 있다"(행 20:35).

"오늘 우리에게 일용할 양식을 주시옵고"(마 6:11).

"우리 가운데서 역사하시는 능력대로 우리가 구하거나 생각하는 모든 것에 더 넘치도록 능히 하실 이에게"(엡 3:20).

"나를 존중히 여기는 자를 내가 존중히 여기고"(삼상 2:30).